33の思考実験

発想力を鍛える

ACQUIRE THE IMAGINATION SKILLS AT 33 THOUGHT EXPERIMENTS

北村良子

彩図社

はじめに

前作『論理的思考力を鍛える33の思考実験』は、おかげさまで好評をいただき、ベストセラーとなりました。本作はその続編です。前作同様、有名な思考実験を中心に構成しました。

思考実験とは、言葉の通り、「思考」で行う「実験」です。頭の中で思考を進めたり、時にはメモを取ったり、自由な方法で実験を進めていきます。特別な機材は必要ありません。ただ1つ必須なのは自分自身の脳であり、考えるという行動だけです。

時に人の命を扱い、時に天文学的な数字や規模を扱い、さらには時間を遡ったり、別の世界に移動したりと、思考実験は思考さえ追いつけばどんな実験でもできますから、非常に高い自由度を持っています。

たとえば、本書でもご紹介している「水槽の中の脳」は、この世界が仮想現実なのかどうかを考えます。そして、「この世界観を映画にしたら？」と発想を展開させた結果、映画「マトリックス」が誕生したのです。思考実験が思考の幅を広げた1つの例でしょう。

さて、平成になって30年。学校での教育もずいぶんと変化しました。昔は「知識」をどれだけ詰め込むかに重きが置かれ、答案用紙にどれだけ多くの「正解」を書き込めるかがカギとなり、たくさんのことを知っている人が「賢い人」でした。今の学校教育では、「知識」よりも「考え抜く力」が重要視され、答案用紙には答えにたどり着く過程を書き、丸暗記よりも過程を理解したかを評価する傾向が以前より強くなっています。これらよって「考え抜く力」を養い、生きる力に繋げていこうという方針で授業が行われているようです。

前作のテーマである「論理的思考力」は、考えをタテに積み上げながら考え抜く力です。一方の今作のテーマは、論理的思考力と合わせて持っておきたい発想力を意識して構成されています。「発想力」は、考えをヨコに広げ、新たな思考を呼び起こす考え方です。

ぜひ、本書では「知識」を材料として、「どう使うか」、「どう答えを出すか」という「考え抜く力」を意識して読み進めてみてください。きっと、あなた自身の中にあるのに自分では気がつかなかった新たな思考に気がつくのではないかと思います。それが、発想力を広げ、今後の思考の手助けをしてくれる材料になるでしょう。

最初の思考実験は「スワンプマン」というお話です。スワンプマンとは沼男のことです。どんな男なのか、想像しながらページをめくってみてください。

発想力を鍛える　33の思考実験　もくじ

はじめに・2

第1章　心のありかを問う思考実験　13

【思考実験No.01】スワンプマン……14
──男が沼のあたりを歩いていると2つの雷が落ち、1つ目の雷で男は死亡、2つ目の雷で男そっくりの男が作られた。男と作られた男は同一人物か

【思考実験No.02】転送装置・1……22
──人のデータをスキャンし、遠くへ転送する装置が開発されたら、今ここにいる自分はどうなる？

【思考実験No.03】転送装置・2……33
──転送装置はクローンを作ってオリジナルを抹消する行為だとすると、倫理的に問題があるのか

【思考実験No.04】転送装置・3……40
――転送が済んだ体には心がないとすると、その体を臓器提供に使ってもいいのだろうか

【思考実験No.05】人間分裂……46
――1人の人間が2人に分裂してしまったとき、どちらかが本物でどちらかが偽物と考えるべきなのか

【思考実験No.06】中国語の部屋……54
――中国語をまったく理解しない人が部屋の中に入り、漢字対応表だけを頼りに部屋の外のネイティブと漢字でやりとりをした。この部屋は中国語を理解しているか

【思考実験No.07】機械と心……66
――人間と変わらない会話ができる機械があるとすれば、その機械は心を持っているのだろうか

【思考実験No.08】哲学的ゾンビ……74
――主観的体験（クオリア）を持たない「哲学的ゾンビ」が存在すると知ったとき、何が変わるか

第2章 数字と直感が背反する思考実験 81

【思考実験No.09】曽呂利新左衛門とお米の話……82
——お米を1日目に1粒、2日目に2粒、3日目に4粒……と倍々に増やしていくと、100日目にはどうなる?

【思考実験No.10】サンクトペテルブルクのパラドックス……91
——コインを投げて、連続で裏を出したあとに表を出すと、裏が出た回数に応じて賞金が増えるゲームがある。期待値が無限だとすると参加費がいくらなら挑戦するか

【思考実験No.11】ジャガイモのパラドックス……100
——100kgのジャガイモがあり、その99%は水分で、残りの1kgが固形部分。水分量が1%減ったら全体の重さは何kg?

【思考実験No.12】最後通牒ゲーム……104
——1万円をAさんとBさんで分配する。どう分配するかはAさんが決め、Bさんは不服であれば拒否できるが拒否すれば2人とも1円ももらえない。どう分配すべきか

【思考実験No.17】芸術の価値・1～本物と偽物～……146
――高名な画家の作品とされていた絵は、無名の画家の作品だった。作品そのものは変わらないのに価値が下がるのはなぜか
【思考実験No.18】芸術の価値・2～日記と真実～……152
――価値があるとされていた作品がただの失敗による副産物だったとき、その価値が下がるのはなぜか
【思考実験No.19】芸術の価値・3～巨匠のお墨付き～……158
――権威を持つ人物が評価した途端に、作品に価値が与えられた。作品自体に変化はないのになぜか
【思考実験No.20】働く意味と生きる意味……162
――寿命が10年短くなるかわりに一生働かなくてもいい金額が手に入るボタン。押す？
【思考実験No.21】洞窟の比喩……170
――洞窟の奥の壁に映る影が世界のすべてだと思い込んでいる囚人がいる。私たちが見ている世界もその影にすぎないのではないか

【思考実験No.22】職業と人間の価値……175
――核爆発で滅亡寸前の世界。シェルターの中で生き延びられるのはどの職業の人か
【思考実験No.23】時限爆弾と拷問……183
――街中にしかけられた爆弾のありかを特定するために、犯人の娘を拷問するのは是か非か
【思考実験No.24】無意味な労働……190
――ある地点からある地点まで意味もなく石を運ぶ仕事をする男に、その仕事が無意味なものだと教えるべきか
【思考実験No.25】ビュリダンのロバ……196
――空腹のロバが違いのない2つの干草の山を前にして、どちらも選べず餓死してしまった。なぜか
【思考実験No.26】ケインズの美人投票……204
――「多くの人が投票した美人に、自分も投票していた」人に賞金が与えられる美人投票。どんな人に投票すべきか

第4章　現実の常識を疑う思考実験　211

【思考実験No.27】水槽の中の脳　212
——この世界は、水槽の中に浮かぶ脳が見せている仮想現実ではないのか

【思考実験No.28】世界5分前誕生仮説　222
——「この世界は今から5分前に作られた世界である」これを否定することはできるか

【思考実験No.29】人生予定説　228
——人生はすでに決められており、予定通りに進んでいるのだろうか

【思考実験No.30】読めない歴史書　238
——誰も読むことができない、文字らしきものが書かれた歴史書が見つかった。その文字は「言語」と呼べるのか

【思考実験No.31】無知のヴェール……245
――自分についてのあらゆる情報を忘れる「無知のヴェール」をかけられた人々は、話し合いでどのような社会を作るのか

【思考実験No.32】便器のクモ……252
――便器の中にいるクモをかわいそうに思い、助けようとしたら殺してしまった。クモは本当にかわいそうだったのか

【思考実験No.33】幸福の街オメラス……257
――1人の少年を犠牲にして他の全員の幸せを手に入れている街では、少年の犠牲はやむを得ないのか

おわりに・266

第１章

心のありかを問う思考実験

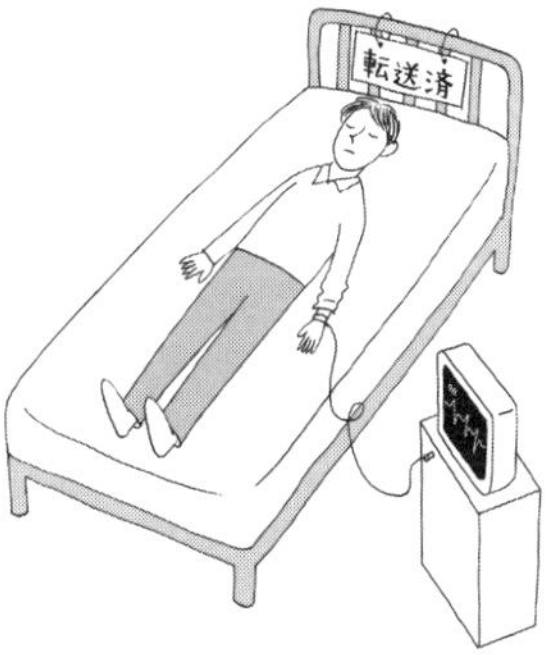

【思考実験No.01】

スワンプマン

男は今日もいつものように朝７時に目覚めました。昨日の夜、１８３ページまで読んだ本が枕元にあり、それを本棚に戻すと、軽やかに１階に下りていきます。テーブルに目をやると、すでに朝食の準備ができていて、男は家族とともにパンと野菜スープとソーセージを２本、それからゆで卵とミルクを口にしました。

「このパン、おいしいな」

「あらそう、また買っておくわよ。それより、そろそろ行かないと。10時には目的地に着いておきたいんでしょう?」

「ああ、そうだった」

男は写真家で、今日は撮影のために山に行くことになっていました。明日は家族と市場に買い出しに出かける予定です。

「行ってきます」

その日は、車で山の中腹まで行き、そこからは徒歩で撮影ポイントまで進みました。男は順調に撮影を進めていきました。しかし、山の天気は変わりやすいものです。だんだんと空は雲に覆われ、雷が鳴り始めます。男は、この雰囲気でもいい写真が撮れると考え、しばらくの間シャッターを切っていたものの、14時過ぎにはさすがに下山を始めました。

下山の途中、男が沼のあるあたりを歩いているとき、不運にも2つの雷が男の元に落下しました。そして、1つ目の雷で男は即死したのです。

その直後に落ちた2つ目の雷は沼で化学反応を起こし、男とそっくりの人物を作り出しました。

「なんだったんだ、今の光は。びっくりした。雷かと思ったよ。んー、何ともないみたいだな。ふう。危険だからさっさと家に帰ろう」

化学反応で生まれた男（以下スワンプマン）はどんどんと山を下り、自宅に向けて車を走らせ、16時半には自宅にたどり着きました。

「ただいま～」

「お帰りなさい。早かったわね」

「天気が急変してね。さっさと切り上げたんだ。ほら、いい写真がたくさん撮れたよ」

「それは良かったわね。そうそう、明日の予定、忘れていないわね？」

「もちろん、市場に買い出しだ。あのパン、買っておいてくれたかい？」


スワンプマンはいつものように家族と夕食を食べ、部屋に戻ると、本棚から読みかけの本を取り出し、183ページから読み始めました。

家族は誰も、彼がスワンプマンとは気がついていません。翌日もいつものように目覚め、家族と朝食をとり、市場に買い物に出かけていきました。

そして、スワンプマンは男の人生を、自分すらスワンプマンであると気づかずに歩んでいきます。


さて、スワンプマンは男と同一人物なのでしょうか？

それとも違う人物なのでしょうか？

考え方のヒント

「スワンプマン」は、アメリカの哲学者ドナルド・デイヴィッドソンが１９８７年に考案した思考実験です。スワンプマンとは、直訳すると沼男です。

スワンプマンは、すべての細胞が男と等しくできています。

男の記憶をすべて持ち、男の好き嫌いも、男の人柄もすべてそのままで、本人も家族も、友人も、誰一人として彼がスワンプマンとは気がつきません。

すべての細胞が人と同じなのですから、当然人と同じように年を取り、子供を作ることもでき、人と同じく一生を終えます。体も記憶も男と違う部分はありません。

ただ、男が死んだとき、雷から受けたダメージに関する記憶は少し違うかもしれません。しかし、違いを探してもたったそれだけです。

さて、スワンプマンは死んでしまった男と同じ人物と考えていいのでしょうか？

これについては意見が分かれたのではないかと思います。同じと考えても、違うと考えてもそれは正しい答えであると言えます。

前作『論理的思考力を鍛える33の思考実験』でご紹介したテセウスの船で、同じというもの

2人は同一人物なのか?

は何を基準とするかで違ってくるという解説をしましたが、このスワンプマンでも同じことが言えます。男とスワンプマンは同じとも言えますし、違うとも言えるのです。

●男とスワンプマンは物質的には同じ

細胞レベルですべて同じであり、今までの人生の記憶も同一で、本人も家族も誰も見分けがつかないのですから、それは同じとみなしてよいでしょう。

違う点がないのに、違う人物と言うほうが、無理があるとも考えられます。

本人も自分は元の男であると何の疑いもなく答えます。事実を突きつけられても、「現実としてここに自分は生きている。そんな事件は起こったはずがない」と答えるのではないでし

意識の違いで考えてみる

ょうか。

物質的に見たとき、男とスワンプマンの間には何の差もないので、同じと考えることができます。

●男とスワンプマンは別々の意思を持ち、過去が違う

死んだ男の魂がスワンプマンを見ていると想像すると、あそこに自分とそっくりの別の人間がいる、と思うでしょう。死んだ男から見ると、スワンプマンは確かに男とは違う意識を持った生命体です。

もう1つ、大きな違いが過去にあります。男は生まれてからずっと男として、男の人生を歩んできました。しかし、スワンプマンは違います。スワンプマンの誕生はあの雷によってもた

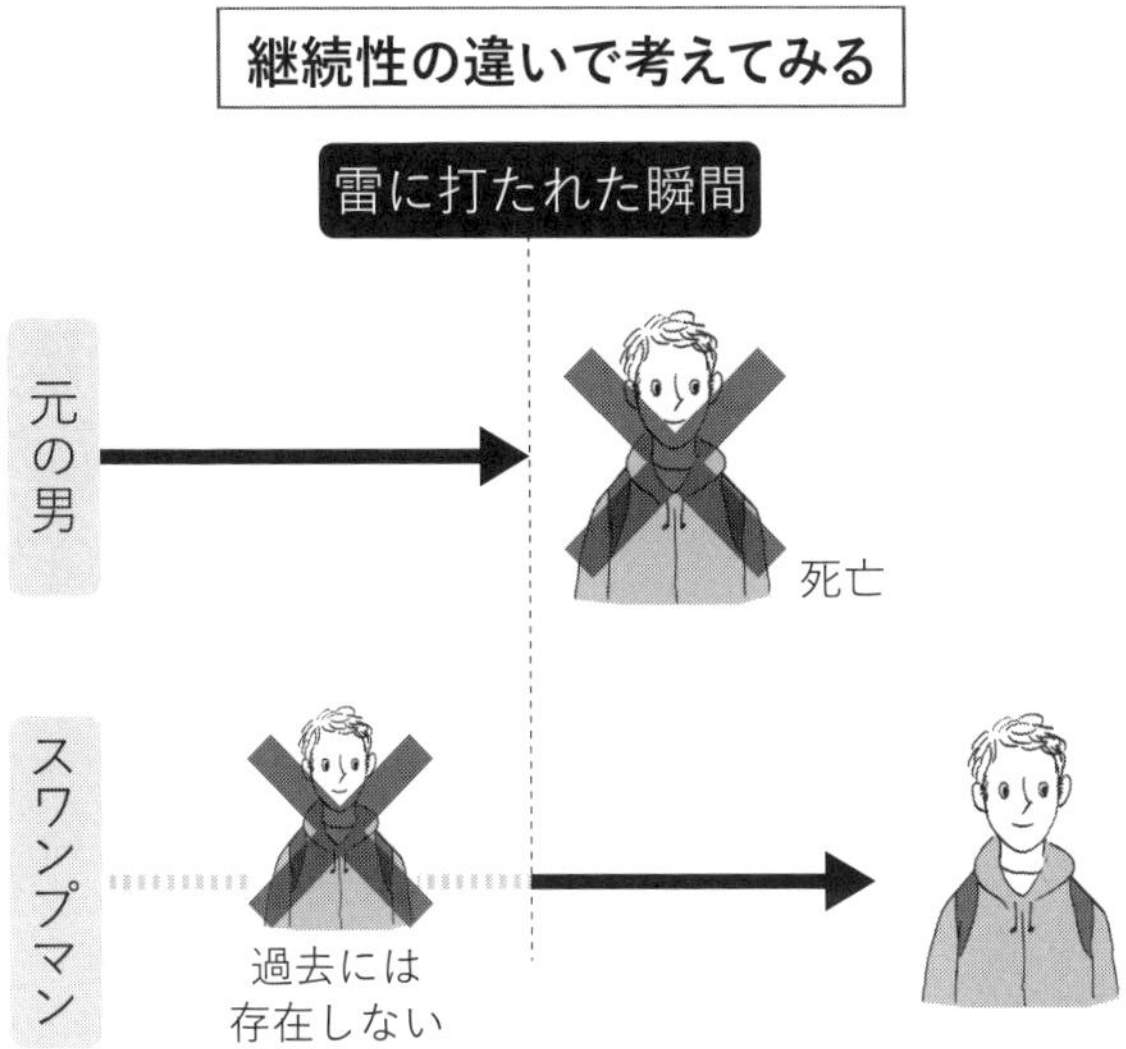

らされました。雷が落ちる以前にはスワンプマンはこの世に誕生していなかったのです。男とスワンプマンの違いは継続性にあります。

スワンプマンが自宅に帰った1日前、スワンプマンは存在しておらず、そこに存在していたのは雷に打たれる前の男です。これは明確な差と言えるでしょう。

このことから、考案者のドナルド・デイヴィッドソンは男とスワンプマンは同じではない、としました。

【思考実験No.02】

転送装置・1

吉田ヒロトは、仕事でブラジルに行くために、都内某所を訪れていました。そこは空港ではなく、転送所です。転送装置を使って一瞬でブラジルのサンパウロに行く予定になっていました。

「これが転送装置か……」

「初めてですか？」

転送所の女性職員は、慣れた様子で手に持ったクリップボードに挟んだ紙にペンを走らせながら声をかけてきました。

「はい。初めてなんです。本当にこの機械でブラジルに飛べるんですか？」

「そうです。ブラジル以外にも世界約１２０カ国に一瞬で移動できますよ」

「それはすごい」

そう言いながら、ヒロトはチケットを職員に手渡しました。

「確認させていただきます。ええっと、お客様はブラジルに行かれるのですね」

「はい。2時からサンパウロで商談でして」

「かしこまりました。今、設定を行いますので少々お待ちください」

ヒロトは、静かにソファに腰掛けながら職員の作業を眺めていました。

「これから自分はこの機械の中に入って、ブラジルに転送されるのだ。でも、どうやって……?」

考えれば考えるほど不安になってきたヒロトは、立ち上がり、職員に近づきました。

「お客様、どうされましたか?」

「この転送装置で、どうやって私をブラジルに運ぶのですか? 空も飛ばずに一瞬で……」

「ええ、一瞬で着きますよ。お客様はこの装置の中でじっとしているだけで、20秒もあればスキャンと転送が終了します」

「ええっと……要するに、私の体をスキャンして、そのデータをブラジルに飛ばすと……」

「さようでございます」

数秒の間、ヒロトは考え、大きな疑問に行きつきました。

「私はどうなるんですか？」

「……？　お客様はブラジルのサンパウロに到着します」

「いえ、そうではなくて、ここにいる私はどうなるのでしょうか。スキャンしたデータをブラジルに飛ばした後、東京にいる私はどうなるのでしょうか？」

職員は質問の意図を理解して、笑顔で説明を始めました。

「お客様のデータをブラジルのサンパウロに送った直後、東京にいらっしゃるお客様は一瞬で分解されますので、この転送装置には何も残りません。同じ人が2人になっては困りますからね。そこは確実に処理をさせていただきますのでご安心ください。もちろん、分解に痛みは伴いませんし、すでにお客様はサンパウロに到着しているわけですから、分解されることすら知らないままブラジルの地を踏むことになります」

「本当に痛みはありませんか？」

「はい。私はここで毎日多くの方の分解を行っていますが、本当に一瞬ですから表情を変える

時間すらありません。ですからご安心ください。一度経験されれば、何の抵抗もなくなりますよ」

「うーん……何だろう、この違和感は……」

「お客様、設定が終わりました。現在1時25分です」

「はい。とにかく商談に行かないと……」


ヒロトは転送装置の中に入り、じっとそのときを待ちました。そして1分後、目の前の扉が開かれ、さっきまでそこにいた女性職員の姿はありません。確かにここはブラジル・サンパウロのようです。

「言われた通り何ともなかったけれど、東京の自分は分解されたんだよなぁ。何だろう、この変な気持ちは……」


さて、東京のヒロトはどうなったのでしょうか？　サンパウロのヒロトはヒロト本人ではないのでしょうか？

考え方のヒント

様々な映画やアニメにも登場する転送装置を使った思考実験です。想像を広げて、発想を飛ばして、思考してみてください。

「転送装置」は、先に紹介した思考実験「スワンプマン」と通ずる思考実験です。スワンプマンでは雷に打たれ死んでしまった男と、細胞レベルで同じであるスワンプマンが登場しました。転送されたヒロトは、スワンプマンと同様、物理的には転送前のヒロトと何ら違いはありません。身体も、記憶も、すべて全く同じです。東京のヒロトとサンパウロのヒロトは同一人物なのでしょうか。

●サンパウロのヒロトの過去

「スワンプマン」では、雷に打たれて死んだ男と、スワンプマンでは過去に違いがありました。スワンプマンは、男が雷に打たれる寸前まではこの世に存在しておらず、突然作られた存在でした。

では、サンパウロのヒロトの場合はどうでしょうか。

サンパウロのヒロトは1時間前、どこにいたでしょうか？　「東京にいた」と答えたいところですが、データが送られ、再構成されたのがサンパウロのヒロトですから、スワンプマンと同様、突然作られた存在と捉えるほうが自然です。

スワンプマンとヒロトの違う点は、「スワンプマン」では、男が雷に打たれて死亡し、その直後にスワンプマンが登場しました。「転送装置1」はその逆で、データがスキャンされ、ブラジルに無事送られた直後（または同時）に、東京のヒロトが分解されています。

つまり、東京のヒロトは、分解される直前、自分が今から分解されると知ることになります。

「自分はサンパウロに旅立ったはずだ。あれ？　でも、自分はここにいるぞ。サンパウロに行くのは僕ではないのか？　そうか、僕のコピーがサンパウロに行っただけで、僕は今から分解されるのか。……確かに自分はここにいるのに、なぜサンパウロに着いたと言えるんだ？　サンパウロのヒロトは僕とは別人だ。それなのに今から自分は消される……？」

そして、仮に分解が痛かろうが、それを伝えるすべはないでしょうし、サンパウロのヒロトには伝わるわけもありません。そして、サンパウロのヒロトは「あっという間にブラジルに着いた」と感じるのです。サンパウロのヒロトは、自分が東京のヒロトと同一人物であると信じて疑いません。東京のヒロトは確かに分解されたのに、そのときの記憶はサンパウロのヒロト

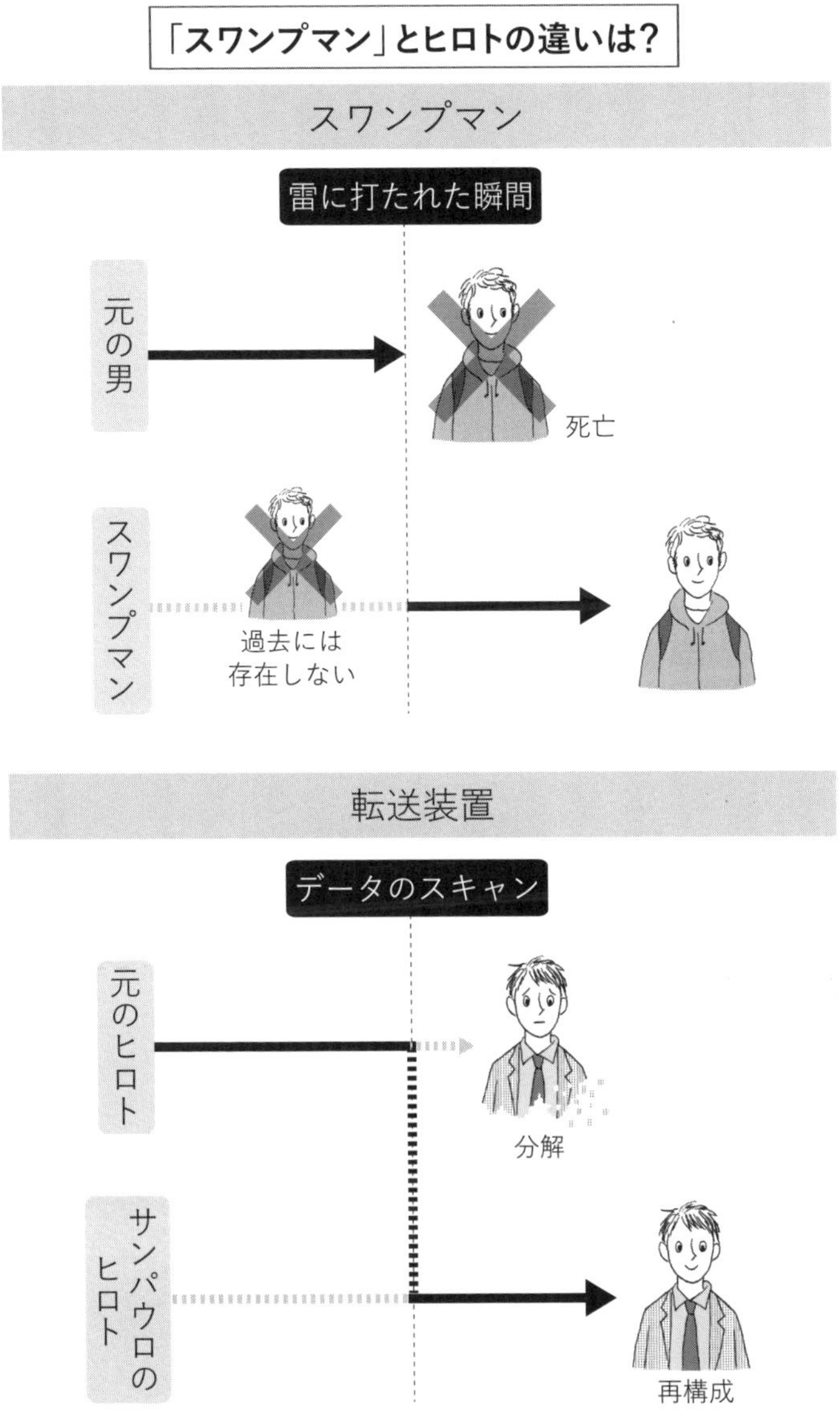
「スワンプマン」とヒロトの違いは？
スワンプマン
雷に打たれた瞬間
元の男
死亡
スワンプマン
過去には
存在しない
転送装置
データのスキャン
元のヒロト
分解
サンパウロのヒロト
再構成

にはないわけですから、1人のヒロトが消され、もう片方のヒロトがサンパウロに到着したと考えるしかありません。

スワンプマンとのもう1つの違いは、本人の了承のもと、本人の意思で転送されている点です。本人の同意があったことは確実で、東京のヒロトは消滅することは事前にわかっています。たとえば、権利関係は問題なく引き継がれると考えて良いでしょう。そして、スワンプマンは自分がスワンプマンであることすら知らないまま生活を続けますが、サンパウロのヒロトは、自分がスキャンから再構成された「同一人物」だということを知っています。

転送装置の思考実験について、「転送元の人物と転送後の人物は、同一人物でしょうか?」と尋ねると、同一人物ではないという答えのほうがよく聞かれます。東京のヒロトが移動したのではなく、東京のヒロトは消滅し、新しくサンパウロにヒロトが作られるという考えからくるものです。つまり、東京のヒロトは死亡したということですね。たしかに、スワンプマンでも、考案者のドナルド・デイヴィッドソンは元の男とスワンプマンは同一ではないと考えていました。

同一人物かどうかについては、次の思考実験でも触れていますので、ここではさらに別の視点から転送装置を見てみたいと思います。

●転送装置と物語

「もし、『どこでもドア』があったとしたら?」

日本人であれば、一度は考えたことがあるのではないでしょうか。それだけ転送装置は私たちの想像をかき立てるアイテムです。

A地点からB地点にテレポーテーションするという装置や魔法は、様々な映画やアニメなどの物語に登場し、しばしば新たな展開を導く起点となり、登場人物にとってなくてはならないアイテムとして大活躍します。それだけ、意外性を生み出すのに好都合な材料なのですね。では、転送装置による転送の失敗がとんでもない展開を生み出すとしたらどんな設定が考えられるでしょうか?　少し考えてみてください。

たとえば、転送する空間がねじれ、想定外の場所に転送されたとか、転送するはずのデータが失われて、その人自体も消えてしまうとか、想定外のデータに変化して違う生命体になってしまったり、記憶が書き換えられたり……。まだまだ考えられそうです。

Ａ地点からＢ地点に移動する装置という単純な設定が、本当に様々な発想を生み出していきます。転送装置は、次はどんな映画やアニメで意外性を生み出してくれるのでしょうか。

ここで考えたいのは、「転送」の技術は全くのファンタジーなのかということです。ヒロトが使用した転送装置のようなものになるかはわかりませんが、何らかの形で「転送」は実現する可能性を秘めています。

最近では、量子力学の世界で、光子などのごく小さな物質のテレポーテーションは実際に成功しているそうです。正確には「情報」のテレポーテーションですが、ごく小さな物質にとってはテレポーテーションと同じと考えられるのだそうです。もしかしたら、近い将来、物や微生物の転送が現実味を帯びてくるのかもしれません。そうなったら、次はきっと人の転送が視野に入ってくるのでしょう。１００年後には転送による旅行が流行するのでしょうか？

未来の、とある会社の会議室から話し合いの声が聞こえてきます。次の思考実験は転送装置による旅行会社が舞台です。

【思考実験No.03】

転送装置・2

ある旅行会社の会議室で、転送装置を導入するかしないかの会議が行われています。

「私は反対です。あの転送装置は、お客様のコピーを作り、それを遠くに送るものです。つまり、クローンを作ってオリジナルを殺害するようなものです」

社員の山崎は、転送装置の導入に反対しています。社内でも意見は分かれ、連日話し合いが続いています。

「しかし、ライバルのA社もB社も転送装置を導入して業績を上げている。わが社がこのまま転送装置を導入しないわけにはいかないだろう」

部長の伊藤は会社の業績を考え、転送装置を導入すべきと考えているようです。

さらに別の社員が続けます。

「いくつもの空港が転送所に変わり、そのうち飛行機は飛ばなくなります。そうなれば転送装置なしでは旅行会社など続けられるはずもありません」

「いや、飛行機は残りますよ。転送を嫌う方はまだまだ多いですし、そういう方は積極的に飛行機を希望され、旅行を楽しんでいらっしゃいます」

「だからといって転送装置を導入しないのは、ばかげているだろう。君の言うように、クローンをつくるものだから反対、という人には飛行機を利用していただけばいい」

「そういう意味ではないのです」

飛び交う意見を遮るように、山崎は語気を強めます。

「わが社の方針として、お客様のクローンを作って、オリジナルを消すような事業をするのはいかがなものかということなのです。ＦＡＸを考えてください。Ａ社からＢ社にＦＡＸを送ったとき、Ａ社にあるほうを原本、Ｂ社に送られたほうを複製と考えますよね？　転送装置は、ＦＡＸそのものです」

転送装置は倫理的に問題があるのでしょうか？

考え方のヒント

●FAXと転送装置

FAXは、原本が残り、コピーが相手に送られます。そして、原本は消滅せずにそこに残ります。もし、紙の材質から何からすべてそっくりの物をFAXで送ったとしても、原本がオリジナルで、送られたものはコピーでしかないと考えられるでしょう。FAXの考えを転送装置に置き換えるなら、オリジナルはやはり転送元にいる人で、転送後の人はコピーでしかありません。

転送装置を運用するとしたら、「転送装置は原本を消滅させているからコピーのほうを新たに原本とみなす」というルールを決めたことになるでしょう。もし、FAXを送ったら、原本として

転送装置をFAXで考えると…？

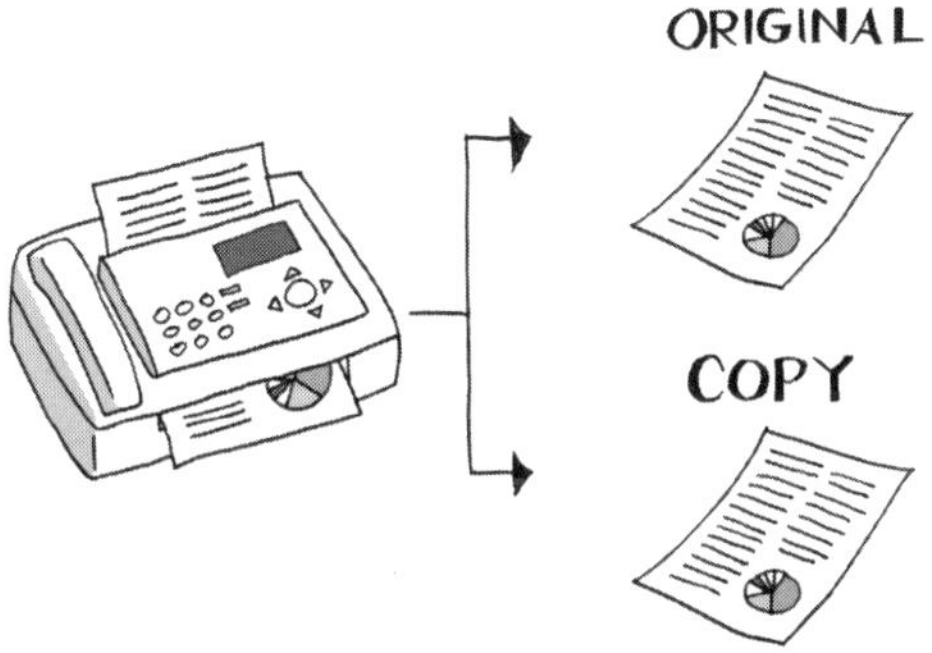

見た目・内容は同じでも
コピーはコピーでしかない？

の役割はコピーされたほうに移る、という「常識」があったとしたら、転送装置も今よりは受け入れられるでしょう。

常識は時代とともに変化するものですから、転送装置の、「コピー」とか「オリジナル」という考えも、時代とともに変化するかもしれません。

●あなたなら利用しますか？

もし、この物語にあるような転送装置ができたとしたら、使いたいと感じますか？　おそらく多くの人は、「オリジナル」が分解されることに対する不安が残るでしょう。転送装置を使う人と使わない人に分かれ、この物語のように、倫理的な問題として話題になるはずです。法律上は「転送した者を転送する前の者と同一人物とする」と記せばそれでいいかもしれませんが、ここでの不安はそれでは払拭できません。


では、「オリジナルの自分」とは何でしょうか？　なぜ、昨日の自分と今日の自分は同一人物なのでしょうか？

私たちは、今の自分が昨日の自分や10分前の自分と同じである、ということを自らの記憶が連続していることで理解しています。過去の記憶があるからこそ、今の自分が何者であるかを

記憶の連続性が「自分」を作る

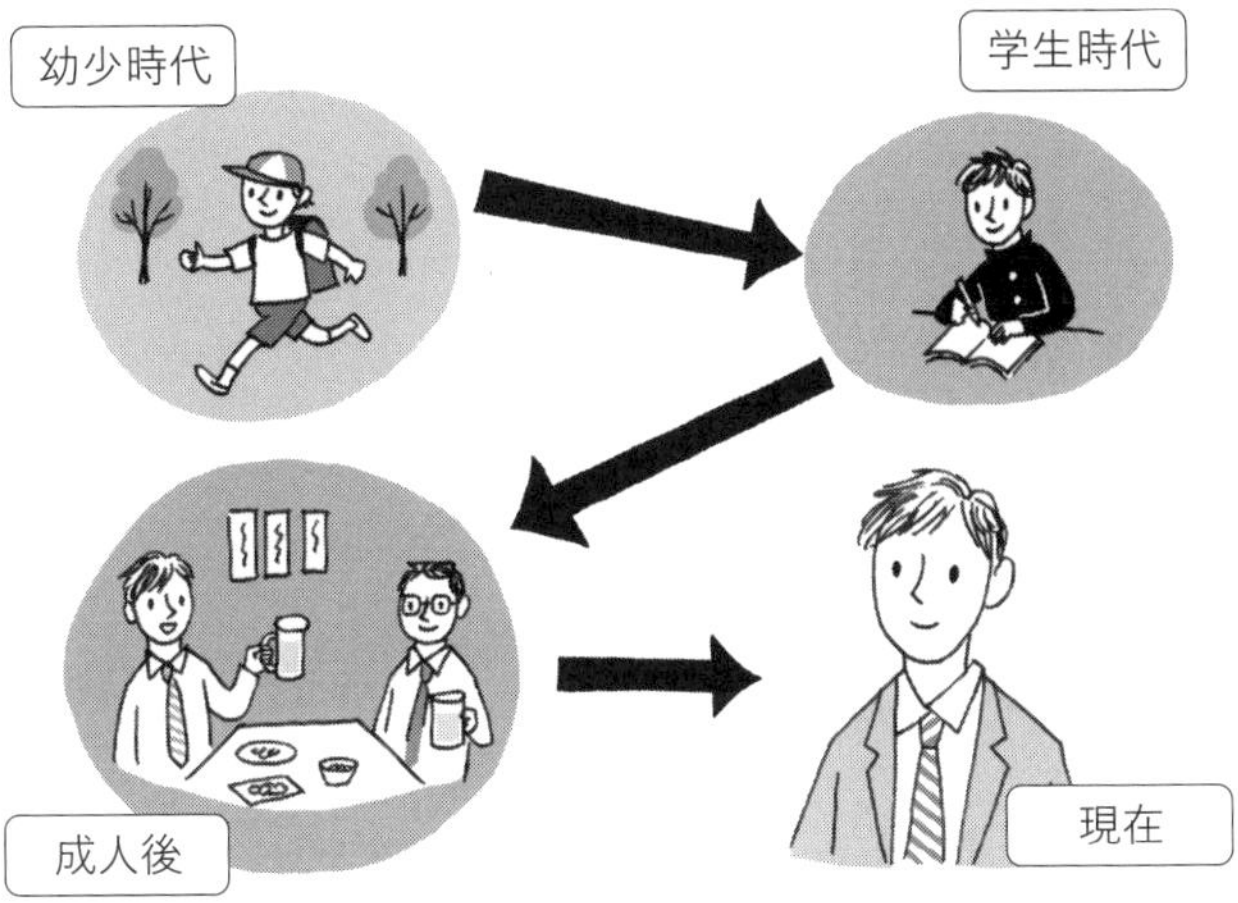

認識できます。

ここから考えると、転送後の自分は、転送前の自分と記憶が繋がっていますから、本人であるとしっかりと認識できており、同一人物であると言えるのではないでしょうか。転送前の自分は、ただ過去の自分が残像のように残ってしまっただけと考えても構わない気もします。残像はしっかりと処理されますから、自分が2人になることはありません。

それでもやはりコピーであると感じるかもしれませんが、考えてみると、1年前の自分と今の自分ではずいぶん細胞の入れ替わりがあるはずです。人の体は代謝によって常に新しい細胞に入れ替わり、生命を維持しています。決して細胞レベルでずっと同じ人間というわけではないのです。

この転送を、一瞬で起こる全細胞の新陳代謝と考えることはできないでしょうか？　もちろん、細胞が元気な細胞に入れ替わるというわけではありませんが、元の細胞が分解され、新たな細胞に変わる点では同じです。そして、新陳代謝以上に正確にコピーするわけですから、物質的に微塵も変化はありません。

しかし、こう考えても拭い去れない要素があります。「心の所在」です。おそらく、多くの人にとって最も気がかりなのは、「転送したとき、心も一緒に転送してくれるのか？」です。いざ分解されるとなると「転送装置・1」の東京のヒロトのように、「自分は今から消される！」と、分解されてしまうことを恐れるはずです。そして、転送装置でスキャンされるだけですから、転送前の自分こそが自分であるという意識から、転送装置に抵抗を感じるのです。

心の正体が解明されていない現在において、この問いに完全な答えがあるわけではありません。はっきりしているのは、転送の瞬間に、転送元の人は分解されるということです。この分解は、心もすべて分解します。ただ、細胞レベルで全く同じ物体がその瞬間に作られますから、記憶も何もかも同じ人が出来上がります。

心が記憶とイコールとするならば、心も一緒に転送していると考えてもいいのかもしれません。

「心と記憶がイコールなのか?」

その答えは、さらに脳の研究が進むのを待つしかなさそうです。将来、心の正体がはっきりとわかり、その上で、物語のような転送装置が普及する日が来るのかもしれません。

【思考実験No.04】

転送装置・3

「転送は心を移動させるから、転送元の人間は、心を失う。なぜなら、1人の人間に対して心は1つであることが決まっているからだ。転送によって転送先の人間が心を獲得するのだから、転送元に残された人間は心を失った動物にすぎない」

研究者は、長年の研究の末、転送元の人間は心を失うという「転送による心消失の理論」にたどり着きました。

この理論は、転送に抵抗感を持っていた人にとっても、転送の恐怖心を取り除いてくれることから受け入れやすい理論でした。やがてこの理論は社会に深く浸透し、常識となることで、徐々に転送装置は社会に受け入れられていくことになったのです。

「転送による心消失の理論」を論じた研究者は、この理論の元、ある思いを抱くようになりました。

「分解して消すくらいなら臓器提供に使ってもいいのではないだろうか？　なんせ、転送によって心を失うのだ。心を失っているのだから、人として扱う必要はない。これなら、臓器が足りないという不安が無くなる世の中がやってくるかもしれない。善意として使われるのだから、素晴らしいことだ」

さらに研究者は考え込みます。

「しかし、知らせてしまうと社会が混乱する。誰も転送装置を使わなくなるかもしれない。それを避けるためには、ひそかに隔離しておく必要があるだろうな。ドナーの情報は提供される人には伝えないのが通常だから、システムとして成立する。これは間違いなく社会貢献だ」

転送によって心を失ったとされた健康な人々は、臓器提供のために利用されていきます。臓器提供が必要な人のデータが転送装置とリンクしており、ドナーとして適した人が転送装置を使った際に、臓器提供者として利用する目的で分解されずに隔離されます。そして間もなく手術が開始され、その後、ドナーとなった人は速やかに分解されます。

この研究者の作った臓器提供システムは素晴らしいシステムなのでしょうか?

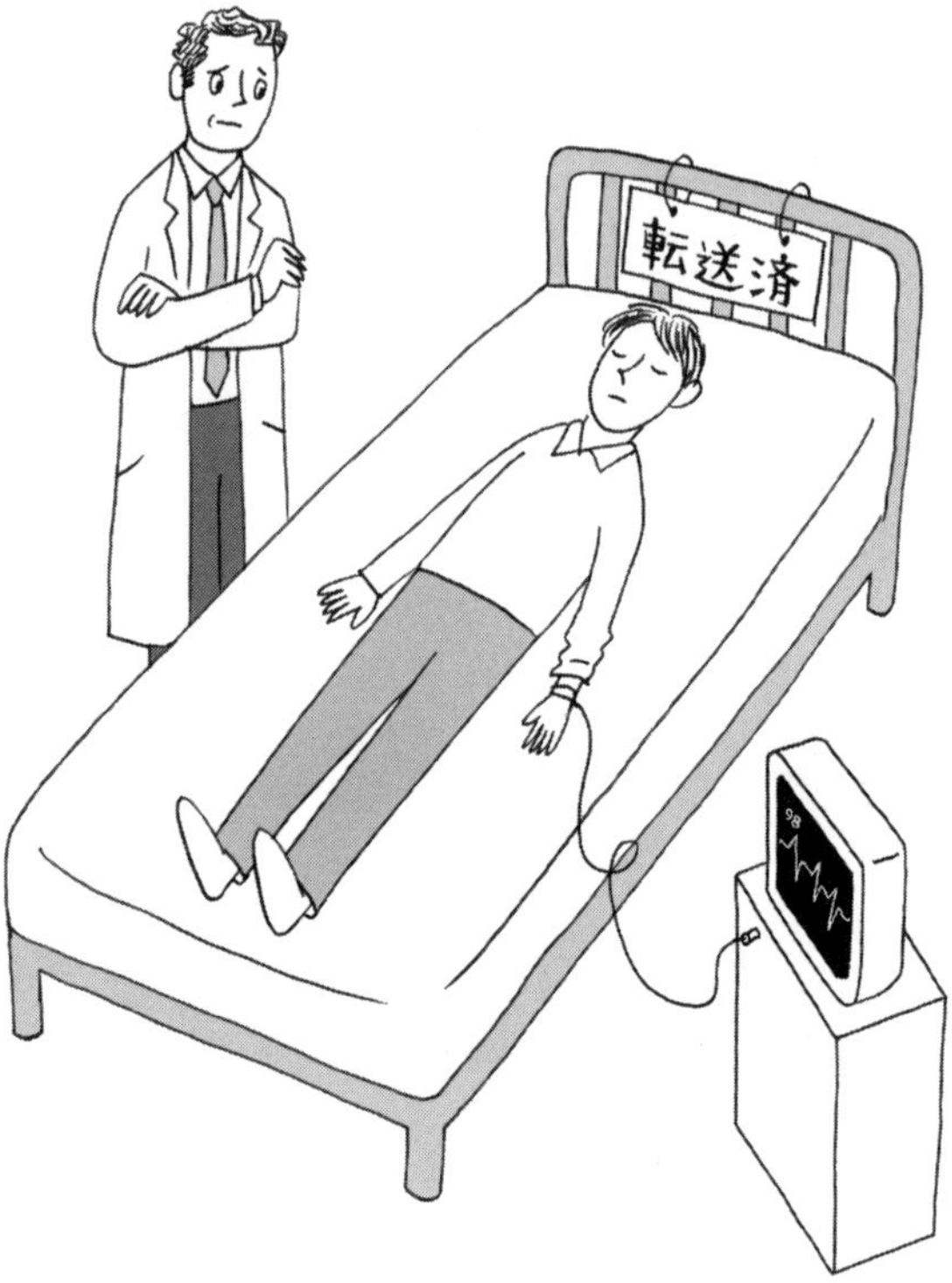

考え方のヒント

カズオ・イシグロ氏が２００５年に発表した小説『Never Let Me Go（わたしを離さないで）』は、クローンに心はないという考えから、臓器提供に利用される主人公たちを描いた物語です。この小説を原作とした同名の映画が２０１０年にイギリスで公開され、２０１６年には日本でもドラマ化（「わたしを離さないで」／ＴＢＳ）されました。

物語の中で人々は、クローンに心がないと信じることで、ドナーとして育てられる人がいるという社会の闇に目をつぶりました。こうした都合の良い解釈が、社会の一部の不幸によって成り立つ医療を良しとしたのです。

「転送装置・3」では、『わたしを離さないで』のように臓器提供のために人を育てるのではなく、適合した人が転送装置を利用した場合にドナーとして利用します。臓器を待つ人を助け、その後速やかに分解します。

いずれにせよすぐに分解されるわけですから、臓器提供を待つ人を助けられるのなら、良いシステムなのでしょうか？　少なくとも、『わたしを離さないで』のように非情な現実を突きつけられ、それを受け入れるしかないという残酷な運命を背負い、長い時を苦しんで過ごすということはありません。一瞬何が起こったのだろうと思っても、すぐに眠りに落ち、手術が終われば目覚めるのを待つことなく分解されるだけです。

なぜ、この転送システムに抵抗を感じるのでしょうか？

●知らせれば社会が混乱するシステム

物語の研究者が懸念している通り、もし、この臓器提供システムが社会に知られれば、転送装置を利用する人は間違いなく激減するでしょう。さらに、自分のドナーとしてのデータが知られることを恐れ、献血や健康診断を行う人も減り、医療機関も混乱するでしょう。

つまり、このシステムは人々に恐怖を与えるシステムと言えます。臓器提供によって助かる人の命と、多くの人々が感じる恐怖を天秤にかける必要があり、実現は難しいと予想できます。

また、もしこれが容認されれば、患者に適合する臓器を持つ人をわざわざ転送しようと企むかもしれませんし、健康診断の中で見慣れない機械によるスキャンが何も知らされないまま行われ、意図せずにもう1人の自分が作られるかもしれません。

社会は新しいことを敬遠し、反発する傾向を持っています。人工中絶や、人工授精、同性婚なども、受け入れるのには時間がかかるものだったでしょう。今も根強い反対の声がありますが、当初に比べれば少なくなり、こういった新しい制度はだんだんと社会になじんでいくもののようです。

今から100年後の未来、何が常識になっているでしょうか。そんな思考実験をして未来のことを改めて考え、変化に備えてみると、世界がまた1つ違って見えるかもしれません。

【思考実験No.05】

人間分裂

山村は、正常な細胞を人工的に素早く分裂させ、あらゆる病を治すというプロジェクトの研究者です。昨夜からマウスを使って実験を繰り返していた山村は、ドアをノックする音でようやく朝になったことに気がつきました。

「どうぞ」

実験で床や山村自身に飛び散った薬剤を雑巾で軽くふき取りながら、ドアが開いたほうを向くと、同僚の中本と森が、巨大な装置を持って研究室に入ってきました。

「これが例の装置の試作機か」

「ああ。ここに患者と医師が入り、医師は分裂させる箇所を特定して、薬剤を注入する。そして、患者だけがこの中にいる状態でこちらからコンピューターで操作を行うと、その部分の正常な細胞だけが分裂する……という流れになる」

中本が説明を終えると、山村は装置の中に入って中を確認し始めました。

数分後、森がコンピューターの設定を終えると、突然装置の中に電撃が走り、強い光に満たされました。数分経つと、装置の中で山村が2人倒れているのが見えました。

「気を失っているみたいだ。山村が2人……？　いったいどういうことだ……」

「と、とにかく医務室に運ぼう」

どうやら、山村は体ごと分裂してしまったようでした。翌日、別々の部屋で山村は目を覚ましました。2人の山村に面会した中本と森は、あまりにそっくりな2人に動揺を隠せませんでした。

「少量の薬剤でこんなことが起こるなんて、信じられない。どっちが本物の山村なんだ？」

「記憶も、見た目も、何も差がないな。話してもさっぱりわからなかった」

「ただ、どちらも自分は山村だと思っていることは確かだ。どうすればいいんだ」

どちらが本物の山村なのでしょうか？　どちらも本物だとしたら、1人であるはずの山村は2人になってしまいます。2人であるはずはないので、きっとどちらかが本物でどちらかが偽物と考えていいのでしょうか？

考え方のヒント

2人の山村を、山村Aと山村Bとします。山村Aと山村Bは、全く同じ身体と全く同じ記憶を保っていて、趣味も嗜好も感情もすべて元の山村とそっくりです。

しかし、両方とも山村ということはあるのでしょうか？　では、今までの山村の仕事はどちらのものでしょうか？　給料はどちらのものでしょうか？　自宅や所有物や家族は山村Aのものでしょうか？　それとも山村Bのものでしょうか？

やはり、どちらが山村なのかはっきりさせないと困ってしまいます。そう考えても、どちらも全く同じであるうえに、自分が山村だと言うのですから、どちらかに決めるのは不可能です。もし、この瞬間に交通事故で山村Aが亡くなったとしたら、山村Bを山村とすればいいでしょうが、現段階では2人なのです。

さて、本当に「交通事故で山村Aが亡くなったとしたら、山村Bを山村とすればいい」は正しいでしょうか？　では、山村Bは山村Aがいることで山村と認められなかったということになるのでしょうか。なんだかおかしな気がします。

分裂してしまった山村は、どちらも山村なのか？

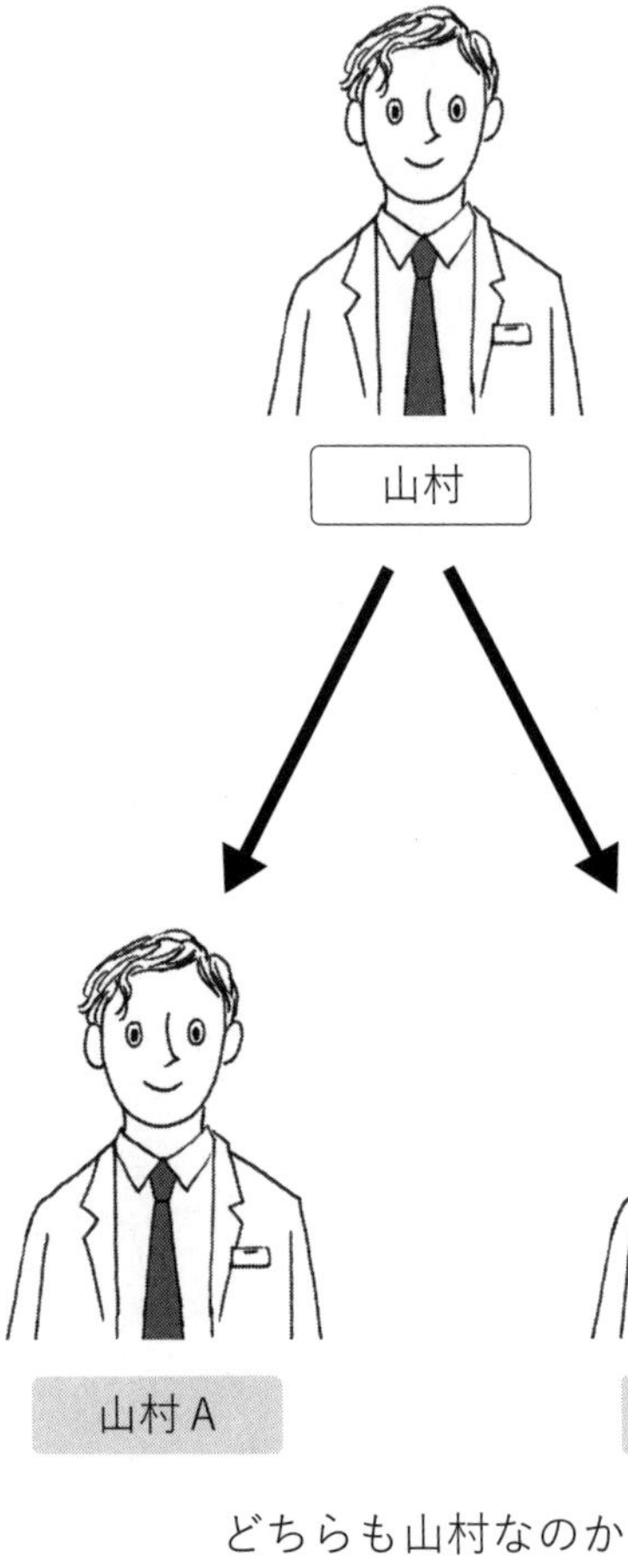

どちらも山村なのか？
どちらかだけが山村なのか？

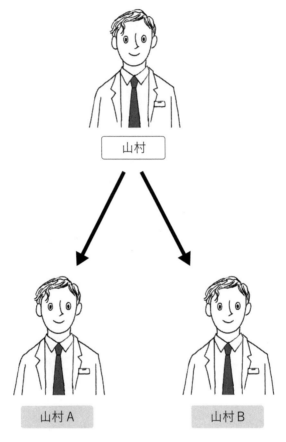

●犬で考えてみる

あなたが犬のクロを飼っていたとします。愛犬がある朝、2匹に分かれてしまっていたら、どうしますか？　それはクロが分裂したのだとわかっているものとします。

2匹のどちらがクロなのか見分けがつかず、どちらもクロそっくりに見え、性格も鳴き声もすべてクロそのものです。あなたは「クロは1匹のはずだ」として1匹を捨てるでしょうか？その場合は、どちらを本物のクロとすればいいのかわからないはずです。これがドーナツならどちらでも構いませんが、愛犬ですから、適当に1匹を本物と決めることは難しいでしょう。

きっと、「クロが2匹になった」と両方を別の命と考えて、2匹にそれぞれの名前を与えて、両方を愛し、飼える余力があるなら2匹ともを飼うのではないかと想像します。そして数年も経てば、別の犬として区別していることでしょう。

ここで注目したいのは、「どちらが本物か？」という問いはクリアしていない点です。「クロ」を元として2匹の犬になったのですから、どちらが本物かという問いには答えようもありません。クロAとクロBは、分裂した時点ではどこを比べても全く同じなのですから、「どちらが」という選択はおかしいのです。

では、両方とも本物のクロなのでしょうか？

たとえば、有名な絵画「モナリザ」が2つに分裂したら、「モナリザ」はその価値を全く同じレベルで維持することはできないでしょう。2つに分裂した時点で、1つのときと「全く同じ」ではなくなるのです。両方とも本物の「モナリザ」であるとしたくても、レオナルド・ダ・ヴィンチが描いた「モナリザ」は1つですから、事実が異なってしまいます。

こう考えると、クロも両方が本物であるというのは難しそうです。クロは1匹であることで、クロとして存在していたわけで、2匹になった時点で「新生クロ」としたほうが納得できそうです。だからといって、2匹とも本物ではないというのも違うでしょう。2匹になったとはいえ、新生クロたちを形作る細胞はクロと寸分も変わらないのですから、偽物と判断するのは見当違いというものです。

先ほどの「モナリザ」であれば、2つになったことで偽物になったと判断され美術館から外されることはないでしょう。1つを処分するといった何らかの対策のあと、同じように飾り、あの「モナリザ」として輝き続けるはずです。それは、分裂が本物でなくなることとイコールではないことを意味しています。

話を山村に戻しましょう。

新たなもう1人の山村という存在が出現したことで、山村は、それ以前と全く同じ人間関係ではなくなりました。お互いに無視できない近さの人が増えたのですから、この時点で山村は以前の山村のままではいられません。ですから、物語の山村も両方が本物という考えを捨てて、「新生山村」として2人になった事実を受け入れるしかないでしょう。

そして数年も経てば、別々の記憶を持った人間として違う人間になっているはずです。

【思考実験No.06】

中国語の部屋

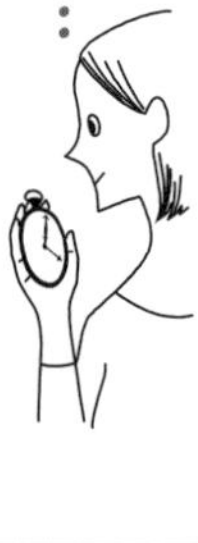

ウィルは英語を話し、アルファベットは完全に理解していましたが、それ以外の言語は全く理解できませんでした。漢字を見れば記号や絵のように見え、それがどんな意味を持つかは全く知りません。

ある日、友人の研究者に誘われ、ある実験を手伝うことになりました。


「この部屋に入って、指示に答えてほしい」

「指示に？　どういう指示なんだい？」

「入ればわかるさ。あっちの小窓から紙が入るから、そこに書かれた文章に対して答えてほしいんだ。どう答えればいいかは全部中に書いてあるから」

「わかった。まぁ、やってみるよ」

そう言うと、ウィルは部屋の中に入りました。そして、間もなく1枚の紙きれが部屋に入れられました。

「ええっと……なんて書いてあるんだ？　あ〜、そうか、これは漢字というやつかな？　当たり前だが全く読めないぞ」

ウィルは友人に「どう答えればいいかは全部中に書いてある」と言われたのを思い出し、あたりを見回しました。確かに、そこにはたくさんの「対応表」があり、その中に、今回の紙切れと同じ記号（漢字）を見つけました。

「あったあった。これにはこう答えればいいんだな。なんて読むかは知らないけれど、そっくりに書けばいいんだろう」

ウィルは丁寧に模写し、それを小窓から外に出しました。その後、同じような行為が何度も繰り返され、ウィルはそのたびに丁寧に模写して紙を戻したのです。

しばらくして、友人はウィルを迎えにやってきました。

「ありがとう。助かったよ」

「何をしていたのかよくわからなかったけれど、役に立てたのなら良かった。それにしても、いろんな筆跡があったように思ったよ。いろんな人が紙を部屋に入れていたのかな」

この部屋で、ウィルは中国語で書かれた紙を見て、それに対する返事を書いていました。ウィルにとっては記号や絵図のような意味のわからない文字でしたが、外で紙に中国語を書き、部屋に入れていたのはネイティブな中国語を話す被験者でした。そして、実験の後、被験者たちにこう聞きました。

「部屋の中にいた人は、中国語を理解していましたか？」

すると、被験者たちは迷わずこう答えました。

「ええ。正しい中国語で答えていましたよ」

「意味が通じていないとは全く思いませんでした。私と同じように中国語を話せる人が中にいると思います」

ウィルを含むこの部屋は、中国語を本当に「理解」していたのでしょうか？

THE CORRESPONDENCE TABLE
IN
OUT
你好

考え方のヒント

真っ先に感じるのは、「ウィルはただ読めない文字を見て、それに対する読めない答えを模写していただけで、理解はしていない」というものでしょう。

ウィルは実験の後、「何をしていたかよくわからなかった」と答えています。それに対し、被験者は正しく中国語でやり取りをしたと信じています。

この中国語の部屋の外から、この部屋が中国語を理解していないと証明することはできるでしょうか？　できないとしたら、ウィルを含むこの部屋は中国語を理解していると考えるしかないのではないでしょうか？

ここで違う設定から考えてみます。

ある高校で数学のテストが行われます。生徒のヒデトは、数学が全く理解できません。しかし暗記は大得意で、教科書のすべてを暗記しました。

いざ、数学のテストが始まりました。ヒデトは、全くわからず理解もできない問題文に対し、「これは教科書の123ページの例題と数字は違うが同じだ。Aという公式を使うものだ」と解いて正解だったとしましょう。ヒデト本人は、何を求めたのかもよくわかりませんし、公式の意味も全く知らないままです。このテストを採点した教師はきっと、「この生徒はこの公式を理解している」と考えるでしょう。しかし、当然ながらヒデトは全く理解などしていません。それでもすべての公式を暗記し、世界中に存在する問題文のパターンも暗記し、あらゆる問題に答えられるようになったらどうでしょうか。ヒデトはおそらく、出題されるあらゆる問題を解くことができます。それでもヒデトは数学を理解していないと言えるでしょうか。こうなると、理解って何だろうという疑問さえ湧いてきますね。

この「中国語の部屋」という思考実験は、アメリカの哲学者、ジョン・サールが1980年に提唱しました。この思考実験は、チューリング・テストの批判のために作られたものです。

チューリング・テストとは、コンピューターが知能を持っているかを判定するテストです。やり方は次のようなものです。

ここに、コンピューターのAさんと、人間のBさんがいます。その前についたてがあり、そのついたての向こう側には判定者がいます。この状態で、判定者はAさんとBさん、どちらがコンピューターでどちらが人間かを当てることになります。なお、やり取りはキーボード入力による文字情報のみで行われます。このテストで30％以上の人を欺くことができたなら、そのコンピューターは知能を持っていると判定されます。

チューリング・テストは、イギリスの数学者、アラン・チューリングによる機械が知能を持っているかをテストするもので、試験時間は1人の判定者につき5分程度です。

ここで、チューリング・テストで思考実験をしてみましょう。判定者がどれくらい難しいことをやっているのか、わかるかもしれません。

チューリング・テスト

文字のみでやり取りをし、判定者はどちらが人間かを当てる

チューリング・テストと1つの質問

ハルカは、チューリング・テストに参加することになりました。通常は1人につき約5分間行う実験ですが、今回は新たな試みとして、たった1つの質問でチューリング・テストを行うことになりました。

コンピューターのAさんも、人間のBさんも、25歳の女性です。Aさんはおおよそ25歳の女性が好きそうなものは好きと答えますし、女性らしい言葉遣いもできます。

ハルカは実験が行われる部屋に入り、初めて「質問は1つ」という事実を聞かされました。

「たった1つか……できるかな？　『好きな色と理由は？』って聞いたら、きっとAさんもBさんも答えちゃうだろうし……」

さて、どんな質問が考えられるでしょうか？

チューリング・テストの質問を考えるのは容易なことではなさそうです。あえて難しい問題を出し、Aさんが正解してBさんが「わからない」と答えることを期待するとか、コンピューターが理解しにくいであろう皮肉や冗談を使ってみるとか、ちょっとだけ難しい計算式を出して、コンピューターが誤って一瞬で答えてしまわないかを見るというのも有効かもしれません。

2014年、初めて33%の人を欺いて、チューリング・テストに合格するコンピューターが現れました。しかし、このテストで合格したからといって、本当に知能を持っていると言えるのでしょうか？　5分なら持ちこたえても、1時間テストを続けたらきっと判定者はBさんが人間だと見抜くでしょう。

もし、それでも見抜けなかったとしたら、今度こそ知能を持っていると言えるでしょうか？　これにも疑問が残ります。そもそも、「コンピューターAが知能を持っている」ことと、「判定者がコンピューターAは知能を持っていると認める」は同じではありません。私たち人間が、苦手な相手に対しても笑顔を貫き、相手が「自分に好意を持っている」と確信したとしても、「本当に好意を持っている」ことにはならないのと似ています。

チューリング・テストはこの点で不完全なテストであると考えられるのです。

そこで、「チューリング・テストでは、コンピューターが知能を持っているかどうかわからない」と反論したのが、ジョン・サールの「中国語の部屋」です。

ウィルと部屋は、チューリング・テストのコンピューターを表しています。そして、被験者全員に「この中の人は中国語を理解している」と言わせるほど高性能です。それでも、「ウィルは中国語を理解しているとは言えない」と感じると思います。先ほどと同様、「この部屋が中国語を理解している」ことと、「訪問者がこの部屋は中国語を理解していると認める」は同じではありません。

たとえば、「あなたはリンゴとメロンどちらが好き?」と聞かれたら、判断するのはいったい誰になるのでしょう? ウィルはこの質問の答えをどう書くことになるのでしょうか? たとえば「メロン」と答えられるとしたら、この答えはウィルではなく、部屋の設定による答えと考えられます。これでは問題を理解して答えているとは考えにくいですね。

ジョン・サールは、結局コンピューターはこの中国語の部屋と同じで、本当の意味で中国語を理解することはできない、つまりは知能を持つことはできないとしました。

●中国語の部屋は本当に中国語を理解していないのか?

この思考実験は、さらに深く考えると奇妙な思考が始まります。ジョン・サールが意図した方向とは別の方向に向かっていくのです。

　ジョン・サールの考えでは中国語の部屋全体がコンピューターで、ウィルが中国語を理解していないという事実が、コンピューターが知能を持たないことを表しているとしました。


　確かに、ウィルは中国語を理解しているとは言えないでしょう。しかし、「中国語の部屋」という部屋全体ではどうでしょうか？

　ウィルはコンピューターの部品の1つと考えられます。工場の流れ作業の1つを、全体を理解し

「中国語の部屋」全体は、中国語を理解していないのか？

部屋の中の人は中国語を理解していない

部屋全体も中国語を理解していない
だから、コンピューターは知能を持たない

なくても難なくこなせるのと同じように、コンピューターの部品がコンピューター全体を理解している必要はありません。つまり、ウィルが中国語を理解しているかしていないかは、コンピューター全体が中国語を理解していることと何ら関係はないと考えられます。

ここで、中国語の部屋を私たちの脳に置き換えて考えてみます。

私たちの脳の中にはたくさんのウィルがいます。自分が何をしているかはよくわからないけれど、特定の刺激に対して特定の反応をするというたくさんの脳の神経細胞たちです。脳の中では電気信号が常にやり取りされていますが、それを神経細胞の1つ1つが理解しているはずはありません。

それでも、「私」全体で考えれば心があり、物事をしっかりと理解していると捉えられます。こう考えると、私たちの脳も、中国語の部屋と変わりないのでしょうか。コンピューターの人工知能と、私たちの知能は、どこに差があるのでしょうか。

ここからさらに、コンピューターが知能を持てるのかという問題を掘り下げていくために、次の思考実験に進みたいと思います。

【思考実験No.07】

機械と心

「ねぇ、シゲル、なぜあなたはすぐに忘れ物をするの？」

「ライラック、俺は忘れん坊かい？」

忘れ物の乗車カードを取りに自宅に戻ると、シゲルはすぐに部屋の中を探し始めました。

「昨日、酔っ払って食器棚に入れたじゃない」

「えっ!? あ、あった。ありがとう、ライラック」

「さあ、急ぎましょう」


シゲルとライラックは、駅に向かって進み始めました。

「ねぇ、シゲル、なぜあなたは空を飛べないの？」

「僕には羽がないからだよ。君の体は鳥のようだから飛べるんだよね」

駅に着くと、シゲルは乗車カードをかざしてゲートを通りました。

「ねぇ、シゲル、なぜあなたは料金を払うのに、私はタダでいいの?」

「君は人ではないからね。俺の持ち物だから」

「それはひどいわ。私は私なのだし、あなたの家族ではあっても、あなたの持ち物ではないわ」

少し怒っているようにも見えるライラックの様子に、「あれ、去年はこんなこと言わなかったんだけどなぁ……」と、シゲルは首を傾げました。

「ああ、ごめん。君はその……小型のロボットだから、僕のカバンに入ってくれればタダなんだよ。そういうルールなんだ」

ライラックは〝心〟を持っているのでしょうか? また、シゲルの所有物といっていいのでしょうか?

考え方のヒント

現在の人工知能は、将棋や囲碁でプロに圧勝したり、車の自動運転や施設の案内で活躍したりと、我々の身近な存在として力を発揮します。

犬型のロボットやお掃除ロボットに人が一方的に感情を持つことはあっても、「機械が心を持っていると思いますか」と聞かれれば、現時点では「ない」と答える人が大多数でしょう。

アメリカの未来学者であるレイ・カーツワイルは、シンセサイザーや朗読機などの発明をしてきた天才発明家でもあります。カーツワイルは、今のペースで人工知能が進歩していくと、2045年に人工知能が人を超える「シンギュラリティ（技術的特異点）」が来ると伝えています。

2029年、しっかりと作られたチューリング・テストに人工知能が合格できるようになり、2045年にはシンギュラリティが起こり、人工知能は自らを修理、成長させ、人には及びもつかない能力を持つようになります。今まで人が担っていた仕事の多くを人工知能が行えるようになり、やがて、人工知能が人工知能を作り出すようになっていきます。さらに人工知能の小型化が進み、そのうち脳に埋め込めるチップのようになると予想されています。そして、私たちは人工知能チップにより莫大な量の情報を操れるようになり、様々な能力をダウンロードするのです。その人工知能チップは、初期のパソコンのように最初は高値ですが、だんだんと手の届く価格になっていくのでしょう。

さすがに2045年は、まだまだそんな時代ではないだろうと考えるでしょうか。確かに現段階では想像もつかない世界です。

しかし、携帯電話1つとっても、1980年代には「ショルダーフォン」と呼ばれる3kgほどもある大型で高額なもので機能も通話のみでしたが、勢いよく小型化が進み、現代ではスマートフォンという当時想像さえできなかった便利な機能満載のポケットサイズの機器が爆発的に普及しています。

話を戻しましょう。では、人を超えた人工知能は心を持っているのでしょうか？

●機械は心を持てるのか？

微生物は心を持っているでしょうか？　では、昆虫は？　魚などの海の生物は？　ハムスターのような小動物はどうでしょう？　カラスやハトに心はありますか？　では、犬や猫は？　猿はどうでしょう？

こうして列挙すると、心のあるなしの境界線を引くのは難しいと感じていただけたと思います。心のあるなしは、本当は白からだんだん黒になるグラデーションのようなものので、白か黒かという2択では語れないものであると考えています。

さらに難しい問題があります。心とは何でしょうか？　意識とは何でしょうか？　野生の動物が天敵から身を守るために隠れたとしたら、「心」や「意識」が働いたからでしょうか？　それとも機械のような「応答」

「心がある」とは何か？

「人間には心があって動物にはない」とは言えないし、
そもそも「心とは何か」を考える必要がある

でしょうか？　猿がバナナを好むのは、猿の心が「おいしい」とバナナを好んでいるからでしょうか？　それとも無意識のうちにバナナが生存の確率を上げる食品であると覚えているからでしょうか？　もし、そうだとしたら、それは心と言っていいのでしょうか？　何をもって心があると言えるのでしょうか？

これを正確に説明するのは、難しいでしょう。なぜなら、適切な言葉さえないからです。言葉とは、人間が作り出したツールにすぎませんから、万能ではありません。

そんな難しい概念に対して、白か黒かの2択で決めることができるはずもないのです。

●人工知能と人との関係

人工知能は、人とは違う形で心や意識を持ち、人工知能としての常識に従い、人工知能らしく振舞い、人と接していくのかもしれません。

映画やアニメ、ゲームにも、人造人間やアンドロイドと呼ばれる人型のロボットは頻繁に登場します。そして、心を持っているように感じられても、人のそれとは違い、たとえば「死ぬ」ではなく「壊れる」と表現するなど、そこに切なさを感じるように演出されるケースも多くあります。彼らは人とは違う理解の元、彼らなりの人への愛を表現することもあり、それが人の感情と違うものであっても、それなりにわかり合おうとします。
今、驚くほどの速さで進化している人工知能は、これらのアニメやゲームのように、人と心を通わせる存在になるのでしょうか。

「きれいな花だね。ライラック」
「そう？　私はもっと読み取りやすい形や色のほうが好きだわ」

このように、人工知能は、自分とはちょっとずれた価値観を持った存在として会話できるようになるのかもしれません。人が記憶から心を作っていくように、人工知能はデータから人工知能としての心を作っていくと考えれば、人とは異なっても心と呼べるものにはなるのでしょう。先ほどの会話で、ライラックの「好き」と、シゲルの「好き」は同じ「好き」ではないように感じられます。

私たちは生い茂る木々を見て、清々しいと感じたり、フレッシュな気分になったり、癒されると感じたり、人それぞれの主観的な感情を抱きます。
これは人に説明することが難しく、今も、「『清々しい感じ』というのは多分あんな感じのこ

人間のシゲルが感じる「好き」と
機械のライラックが感じる「好き」は同じ？

とを言いたいのだろうな」「『フレッシュな気分』か……ちょっとわかりにくいな」などと想像していただいたかと思います。こういった主観的な感情は、そもそも人工知能が学ぶ必要のないものかもしれませんし、学べないものかもしれません。ただ、人工知能としての、人工知能特有の「主観」を持ち、それが「好き」とか「清々しい」と言葉で表現されていくのかもしれません。

ところで、この主観的な感情は「クオリア」と呼ばれています。次の思考実験は、クオリアを持つことの意味を考えます。

もし、あなたの同僚や近所の人が、クオリアを持たない「哲学的ゾンビ」だったとしたら、と想像してみてください。そのとき、あなたは何を思うでしょうか？

【思考実験No.08】

哲学的ゾンビ

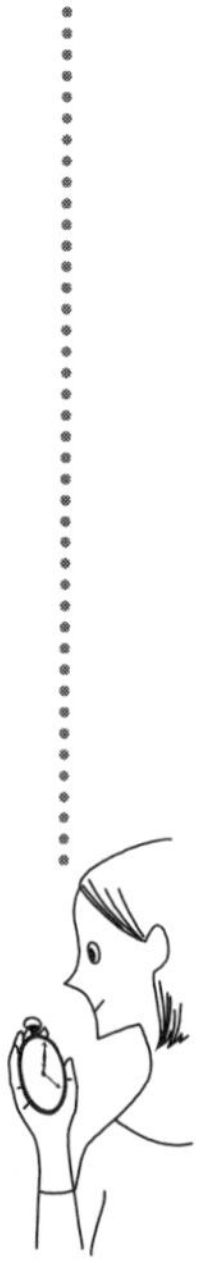

高校2年生の君島エイタは、衝撃的な事実を知ります。哲学的ゾンビという存在が、世の中には存在するらしいのです。ただ、エイタがよく知るホラー映画に出てくるようなゾンビではなく、内面的な経験（クオリア）がないらしく、主観的な体験や意識を持っていないと説明されていました。

「クオリアってよくわからないけれど、綺麗なものを見ても綺麗だな～って感じないってことかな？　誰がそれなんだろう。でも、この世界に存在しているなんて怖いなぁ」

エイタには、いつも学校で一緒に行動する3人の友人がいます。賢いスグルと、人の心に敏感なマドカと、明るく元気なリサです。エイタはリサに恋心がありますが、なかなか言い出せずにいるようです。

翌日、教室に入ると、リサが話しかけてきました。

「将来の夢とか決まったの？　マドカはカウンセラーになりたいんだって。向いてそうよね。スグルは学者だってさ。エイタは？」

「いやー、まだ何にも。そうだなあ。哲学者にでもなろうかな～」

「エイタが哲学？　似合わないよ」

「リサは？」

「看護師かな。今のところはね」

「ふーん。血が怖いって言ってなかったっけ？」

「大丈夫よ、慣れればきっと。人助けがしたいの。みんなに笑顔になってほしいのよ」

「優しいなあ。あ、僕、医者になろうか！」

「今の学力じゃあ……相当頑張らないと」

リサはエイタを見て笑っています。

「ちぇっ……。じゃあ……」


実はリサは哲学的ゾンビです。反応は人と同じなので、全く気づかれずそこにいます。リサが哲学的ゾンビとわかったことで、何が変わるのでしょうか？

考え方のヒント

哲学的ゾンビとは、外見は全く人と区別がつかず、解剖しても全く人と同じにもかかわらず、クオリアという主観的な体験や意識を持たない生物のことです。

たとえば、カツ丼を食べて「これ、おいしいな!」と発言したとしても、脳がおいしいと感じているのではなく、機械的に「おいしい」という反応を示しているにすぎません。美しい花を見て、「とても美しいわ。癒されるわね」と言ったとしても、実際に癒されているのではなく、美しい花を見たことによって、脳の神経細胞が反応したことによる単なる応答にすぎません。

哲学的ゾンビは、人と等しい反応はするわけです。全く同じ品質の肉を、全く同じ作り方で、全く同じ力と温度で、何もかも同じように作った2つのハンバーグがあったとして、どちらが人が作ったもので、どちらが機械が作ったものかを見分けることは不可能であるように、哲学的ゾンビの反応か、人の反応かは全くわからないのです。

ですから、物語のエイタのように哲学的ゾンビがどこかにいると知ったとして、それを探そうとしても不可能ですし、疑うこと自体が全く無意味な行動です。

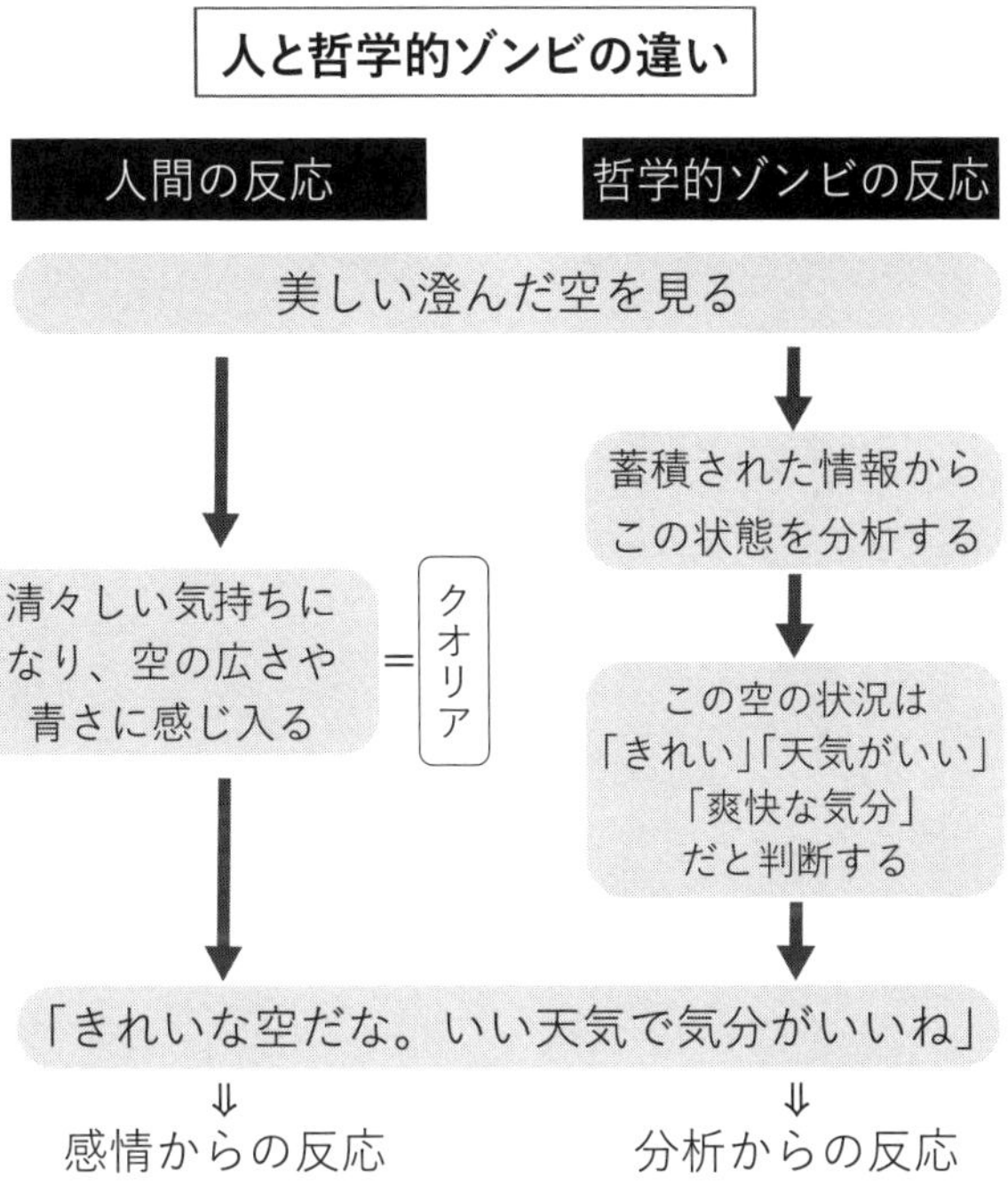

物語のリサも、エイタの言葉に対して人と変わらない反応をしています。血が怖いとか、みんなの笑顔が見たいという言葉を発しますが、主観的な感覚は皆無です。そう感じているのではなく、そう反応しているにすぎません。それでもクラスに溶け込み、仲良く過ごしているように見えます。

　こうなると、クオリアとは全くなくてもいいものなのでしょうか？　私（著者）が明日から哲学的ゾンビになったところで、誰もそれに気がつかないのですから社会に全く影響を与えることはありません。世界中の人が哲学的ゾンビになっても今と何も変わらないのです。しかし、誰かが哲学的ゾンビであることをあなたが知ったとしたら、影響が全くないとは言えなくなります。たとえば、私が哲学的ゾンビであるとしたら、この本の持つ価値は全く違うものになり、内容そのものよりも人が書いたものと比べてどこに違いがあるのかという見方をされるはずです。

では、ここで1つの設定を考えてみます。あなたが、とても仲の良い2人の友人のどちらかに、人生相談をしようとしていると想像してください。友人Aは普通の人で、友人Bが哲学的ゾンビであるとわかったら、どちらに相談しますか？

おそらく、多くの人は友人Aと答えるのではないでしょうか。あなたから見ればどちらも親身に相談に乗ってくれますし、知らされなければどちらが哲学的ゾンビかなんてわからないのです。それなのに、友人Aと答えたくなるのはなぜでしょうか？

前項の思考実験「機械と心」のライラックが、姿を見なければ人と区別できないくらい自然な応答ができるようになったとしても、それは人ではありません。そのライラックから「歌が上手ね！」と言われたとしたら、きっとカラオケマシンで高得点が出たのと同じ意味として捉えてしまいそうです。

哲学的ゾンビのリサが「歌が上手ね！」と言った場合、ライラックよりは人を理解し、人に近いと考えても、「自分が感動した」のではなく、「この歌は感動を呼ぶレベルにあり、技術もとても高い」という評価です。その歌への評価を自分の反応に置き換えて「感動したわ！」と発言することになります。

哲学的ゾンビの友人Ｂは、どんなに親身になって相談に乗ってくれても、共感してくれるわけではなく、先ほどの歌への評価と同じように、応答しているだけです。これでは相談しても「自分ばかり悩んでいるのか」と一方通行の感情に虚しくなることが想像できます。

もし、リサが哲学的ゾンビだと知ったとしたら、エイタは同じ付き合いをできるでしょうか。きっと、リサの心に空白を感じ、「反応はしてくれるけれど、わかってくれているわけではないんだ」と寂しさを感じ、以前のような「友情」を育むことは難しいかもしれません。

こう考えていくと、哲学的ゾンビは人と言えるのでしょうか？　物語のリサは、1人の女性として振舞っており、人格も趣味も好き嫌いも人のそれと同じように存在し、エイタたちにも疑うことのないレベルで感じとれています。それでも、クオリアがないという事実は、人との徹底的な違いでしょう。

はたしてリサは、人と呼べるのでしょうか？　それとも、「機械と心」のライラックのほうが人に近いのでしょうか？　人工知能が完璧な人を作り上げたとしたら、それは哲学的ゾンビなのかも知れません。

第2章

数字と直感が背反する思考実験

【思考実験No.09】

曽呂利新左衛門とお米の話

豊臣秀吉に仕えた御伽衆《おとぎしゅう》に、曽呂利新左衛門《そろりしんざえもん》という男がいました。御伽衆とは、政治等の相談役や話し相手として、主君に仕える職業です。

曽呂利新左衛門は茶道や和歌に長け、とんちを得意とした御伽衆で、秀吉を大いに楽しませたといいます。

そこで、褒美を与えようと考えた秀吉が何が良いかを尋ねると、曽呂利はこんなことを言い出します。

「紙袋に入るものをいただきたく思います」

「なんだ、そんなものでいいのか。なんでも持って行くがいいぞ」

それから数日間、秀吉の周囲で曽呂利を見かけたものはいません。どこに行ったのだろうと思っていると、こんな話が飛び込んできました。

「曽呂利のやつ、紙をたくさん貼り合わせているそうです」

秀吉は気がつきました。曽呂利は巨大な紙袋を作っていたのです。その大きさは秀吉の想像をはるかにしのぐもので、米蔵をすっぽりと覆ったのです。

またある日、再び褒美を与えようとする秀吉に曽呂利は、こんなことを言い出します。

「毎日、殿の耳のにおいを嗅がせてください」

「耳のにおいを？　まあいいだろう」

すると、曽呂利は大名たちのいる前で秀吉の耳を嗅ぎます。大名たちはその様子を見てこう考えました。

「曽呂利のやつ、殿に何を耳打ちしているのだ……私のことだろうか」

気になって仕方のない大名たちは、金品を曽呂利に贈り、秀吉に悪いことを言われないようにと考えたのです。これは曽呂利の思惑通りでした。

この、秀吉の耳を嗅ぐしぐさは、大阪府堺市の銘菓「曽呂利」にも描かれています。

さらにある日、秀吉はまた曽呂利に褒美を与えようとします。すると曽呂利は、こんなことを言い出しました。

「では、お米をいただきたく思います。1日目は1粒で結構。2日目はその2倍の2粒です。3日目はその2倍の4粒。4日目はその2倍の8粒です。こんな調子で100日分いただきたい」

「欲のないやつだ。そんなものでいいのか。わかった。毎日運ばせよう」

さて、秀吉はどうなったでしょうか？　また、なぜ秀吉は「欲のないやつ」と思ったのでしょうか？

一日目
二日目
三日目
四日目

考え方のヒント

●1日目に1粒、4日目に8粒…その先は？

実際に、曽呂利が何粒の米粒を手に入れることができるのか、計算してみましょう。

1日目…1粒
2日目…2粒
3日目…4粒
4日目…8粒
5日目…16粒
6日目…32粒
7日目…64粒
8日目…128粒
9日目…256粒
10日目…512粒
11日目…1024粒

12日目…2048粒
13日目…4096粒（お茶碗に多めに1杯）
14日目…8192粒
15日目…1万6384粒
16日目…3万2768粒
17日目…6万5536粒（1キロは5万粒くらい）

18日目…13万1072粒
19日目…26万2144粒
20日目…52万4288粒（10キロくらい）

20日目までの累計は20キロくらいになります。結構増えてきましたが、まだ一人で抱えてこれる量ですね。しかし、これから倍々に増えていくことを考えると、とんでもない量になるのはなんとなく想像できるでしょう。では、計算を続けます。

21日目…104万8576粒

22日目…2097万7152粒（米俵で1俵が約260万粒）
23日目…4194万304粒
24日目…8388万8608粒
25日目…1677万7216粒
26日目…3355万4432粒
27日目…6710万8864粒
28日目…1億3421万7728粒
29日目…2億6843万5456粒
30日目…5億3687万0912粒

ここまでで手にした米粒を合計すると、10億7374万1823粒にもなります。数が大きくてわかりにくいですが、大体21トンです。動物にたとえると、キリンが大体1・4トンなので、キリン15頭分くらい、人間で言うと体重70キロの人が300人分くらいです。とんでもない量になったことだけはイメージできるでしょう。これでまだ30日目です。

日本の国民全体が1年間で消費する米の総量は784万5000トンです。これを超えるのは何日目でしょうか。実際に計算をすると、49日目には突破していきます。

秀吉は、途中でとんでもない量になることに気がつきました。曽呂利は「欲のないやつ」どころか、「強欲なやつ」だったのです。曽呂利も、途中でこうなることは重々承知だったのでしょう。褒美を別のものに変えて頂戴したそうです。

ちなみに、実際に100日目まで続けたとき、曽呂利が手にする米粒の合計は126穣《じょう》7650𥝱《じょ》6002垓《がい》2823京《けい》粒となります。京《けい》は兆の上の単位ですから、もはや日常ではふれることのない規模でまったく想像がつきません。重さにすると、253垓5301京2004兆5646億トンです。地球上で最も重い生物とされるシロナガスクジラが100頭集まっても約1万5000トンなので、どれだけ大きい数になるのかおわかりいただけたのではないでしょうか。

最近、数に強くなることを目的とした本も多く出版され、「数を捉える力」は注目を集めています。元々、人は数を捉えることは苦手なものです。

たとえば、1×2×3×4×5×6×7×8×9×10を計算するといくつになるか、予想してみてください。3000くらいと予想した人もいれば、意外と大きくなるのはなんとなくわかるから10万くらいかと考えた人もいるかもしれません。答えは362万8800です。ざっくりと300万くらいとか、400万はいかないかなと答えられる人がいたとしたら、並外れた数字力の持ち主なのかもしれません。

人は数字と付き合い始めてから比較的日が浅く、特に難しい計算になるとイメージがつかみにくいとも言われています。脳の進化が社会の進歩に追いついていないのかもしれません。

数を捉える力を向上させるには、普段から何となく数を気にしてみたり、疑問に思ったらエクセルを開いてみたりと、数に触れる機会を意識して増やすのがお勧めです。数に関する経験値が増え、数字をイメージしやすくなります。

曽呂利新左衛門は、もともと刀の鞘《さや》職人で、鞘に刀がソロリと合うことから曽呂利と呼ばれたと伝えられています。そこから、突飛な発想力と数を捉える力で、時代をうまく生きた人物です。紙袋の大きさからプレゼントの受け取り方、さらにはそれをしても嫌われないような身の振り方まで、よく考えられた行動だったのでしょう。あるいは天性のバランス感覚でしょうか。

いずれにせよ、曽呂利のように、常識からはみ出せるような思考の幅の広さは、多くのルールの中で社会が進んでいる現在こそ求められている力であると考えられます。いつもと違うことに目を向けて、発想力を意識してみることで、ちょっとしたひらめきを楽しんでみるのも、脳の柔軟性の向上に役立つでしょう。

【思考実験No.10】

サンクトペテルブルクのパラドックス

中学生のアヤコは高校生の兄のセイイチと共に、とある催し物会場を訪れました。すると、あるブースに人だかりができており、2人は好奇心をくすぐられ、覗いてみることに。

そこでは、男がこのような口上を述べています。

「いいですか？　ほら、期待値は無限ですから、全財産を投じてもいいはずなんですよ」

「キタイチって何？」

アヤコの質問に、理系のセイイチは丁寧に答えます。

「たとえば、アヤコのチョコレート3個を賭けるとしよう。僕とじゃんけんをして、勝ったら2倍、あいこと負けなら没収！　って言ったらどうする？」

「うーん……。何となくやらないほうがいいような……？」

「アヤコの直感は当たっている。計算すればわかるよ。アヤコが勝つ確率は3回中1回。つまり3分の1。僕が勝つ確率は、あいこでもいいわけだから3分の2。もし、3回勝負をしたら、アヤコは確率的に1回勝って、2回負けるから、チョコレートは賭け3回分の9個から、6個に減ってしまう」

「1回勝って3個が6個に増える。あとは負けるから3個が0個になるのが2回ある。うん。たしかに6個になっちゃう」

「つまり、この勝負を3回行ったときの期待値はチョコレート6個ってこと」

「そっか。勝負したら、獲得できると期待できるチョコレートの数は6個ということね。大体こんな結果になるんじゃない？　っていうのを、事前に計算してみましたってことね」

ブースで話す男は、ゲームについての説明を始めました。

「ここに裏表が出る確率がきっちり50％ずつのコインがあります。もし、コインを投げて表が出たら、20円を差し上げます！

裏が出ても大丈夫。裏が出た場合はもう一度コインを投げます。そして、2回目で表が出た場合は、なんと40円を差し上げます！　2回目も裏だったなら、またコインを投げます。3回目で表が出た場合は80円を差し上げます！

このように、初めて表が出たときに賞金を差し上げるというゲームです。獲得できる賞金は、1回目は20円、2回目は40円、3回目は80円、4回目は160円と倍々に膨れ上がっていきます」

男は一呼吸おいてから言いました。

「さて、このゲームに賭け金がいくらなら参加してもいい、と思いますか？　たとえば、100円ならどうでしょう？」

男の言葉に、アヤコは考えます。

「もし、50円かけたとしたら、2回目までに表が出てしまったら損、3回目以降なら得ってことね。1000円もかけたら絶対に負けるわよ。え？　でも、最初にあの男の人は期待値が無限だって……」

さて、参加費がいくらまでなら参加してもいいと考えますか？

考え方のヒント

ほとんどの人は、30円～100円くらいなら、運試しもかねて参加してみてもいいかなと感じるのではないでしょうか。イベント参加代と考え、イベントを楽しめれば、賭けに負けても気にならない金額です。

これが参加費1万円だったとしたらどうでしょうか。直感に従うなら、絶対に損をすると思えますから、まず参加はしないでしょう。しかし、物語の男が言う通り、計算上、期待値は無限に発散します。つまり、参加費が全財産だったとしても参加すべきという計算結果になるのです。直感とはかけ離れていますよね。これがパラドックスといわれる所以です。

「期待値が無限である」とはどういうことでしょうか？

1回目で表が出た場合は20円、裏が出た場合は0円ですから、この時点で得られる金額は平均10円です。つまり、このゲームで1回だけコインを投げたときに得られる賞金の期待値は10円となります。

同様に、2回目で表が出た場合は40円が手に入ります。ただ、2回目に進むためには1回目で裏が出て、2回目で表が出る必要があります。その確率は「1回目に裏が出る確率＝$\frac{1}{2}$」

×「2回目に表が出る確率＝$\frac{1}{2}$」から、$\frac{1}{4}$となります。$\frac{1}{4}$の確率で40円を手に入れますから、その期待値は10円です。2回目までの期待値は1回目の10円＋2回目の10円で20円です。

では、このゲームでのルールが「コインは最大10回しか投げられない」という上限があるものとして考えてみましょう。ただし、最後の10回目に表が出ないと、賞金はもらえないものとします。このゲームにおける期待値は次のようになります。

1回目に表が出る確率　賞金の額

$$\frac{1}{2}\times 20円+\frac{1}{4}\times 40円+\frac{1}{8}\times 80円+\frac{1}{16}\times 160円+\cdots\cdots+\frac{1}{1024}\times 1万240円$$

10回目に表が出る確率　賞金の額

＝100円

10回までしかコインを投げられない場合の期待値は、100円となりました。このように、コインを投げる回数に上限があるならば、その期待値は計算式から導き出すことができます。

しかし、このゲームは裏が出続ける限り永遠に続きますから、最後に表が出るn回目＝無限回となり、期待値も無限に発散します。

●本当にいくらかけてもいいのか？

期待値が無限と言われても、たった一度の賭けに全財産をつぎ込むなんて明らかにおかしい、何か裏があるはずだと疑いを持つでしょう。その疑いは正しい感覚です。

たとえば、Aさんがラスベガスのカジノで、全財産の1000万円を賭けてルーレットに挑戦して見事に勝ったとしましょう。するとAさんは2000万円を手にします。その確率は50％です。厳密には赤でも黒でもないマスがあるので50％ではありませんが、およそ50％、2回に1回の確率です。

同じAさんが全財産の1000万円を賭け、今回の物語にあるゲームに参加した場合、1回目に無事裏が出ても、40円を確定させたにすぎません。そして、残りの50％は1回目に表が出てしまい、たった20円を得るだけでゲームは終了します。そして、最初に賭けた1000万円を手にするためには、19回も連続で裏が出る必要があり、ラスベガスのルーレットで見事に獲得した2000万円を得るには20回連続で裏が出る必要があります。

その確率は……およそ0・000001％、1億回に1回です。そして、21回目で表が出たとき、2097万1520円を手にします。

元手と同額の1000万円を得るにも5000万分の1くらいの確率を勝ち抜かなければな

らないのです。これは、明らかにおかしなことになっています。

●このパラドックスのポイント

結論から申し上げますと、直感通り、全財産を賭けて参加するのは見送るべきですし、参加費が1000円でも避けるべきでしょう。

期待値が間違っているわけではありません。あくまでも、思考実験だからこそ可能なゲームを基にした期待値なのです。

期待値の計算において、現実的に考えると設定の矛盾があります。それは、「ゲームは永遠に続く」という部分です。永遠にゲームを続けるためには、永遠の時間と永遠のゲームに耐えうるお金が必要になります。つまり、「時間もお金も無限にあるのなら」というありえない前提に基づく計算なのです。

●現実的な計算をするなら

もし、1兆円までなら支払えるというとんでもない資産家によるゲームだったと仮定しましょう。それでも、39回続けて裏が出て、40回目で表が出たとしたら、支払う金額が1兆円を軽く超えてしまいます（1兆3743億8953万4720円)。ここから、38回裏が出た時点で、ゲームは終わりになるという条件が付け加えられるはずです。
今回のゲームの場合は、最後に表が出るn回目＝38回目となります。計算をし直してみましょう。

1回目　10円
2回目　10円
3回目　10円
4回目　10円
5回目　10円
6回目　10円
……
38回目　10円

合計した値が期待値ですから、380円です。つまり、1兆円のお金が用意されていたとしても、期待値はたったの380円なのです。1000円もかけてしまったら損をしてしまうのも目に見えています。これなら直感にも合うのではないでしょうか。

期待値が「無限」であるという言葉に思わず惑わされてしまいますが、現実的な数字を当てはめてみるとどうすべきかが見えてきますね。

●それでも1万円を賭ける価値を感じるか

宝くじは1枚300円ですが、大体期待値はその半分程度といいます。それでも宝くじに夢を求める人が売場に列を作ります。彼らも、期待値が購入金額を下回ることなど全く承知のうえで、ほんの少しの確率であっても、高額当選という夢を追う楽しみがあるから宝くじを購入するのです。

そう考えると、サンクトペテルブルクのパラドックスのゲームも、その場が盛り上がっていて、楽しめて、参加したという付加価値がついて満足感が得られるなら、人によっては参加費が1万円でも参加するかもしれません。

何に価値を見出すかは人それぞれです。そこに、発想や工夫の余地があるのでしょう。どんな演出があったら、「参加費が1万円のサンクトペテルブルクのパラドックスのゲーム」に参加しますか？ 「絶対に参加しない」と決めてしまわずに、無理やりにでも答えを探してみると、面白いアイデアが浮かぶかもしれません。

【思考実験No.11】

ジャガイモのパラドックス

ここに100kgのジャガイモがあります。このジャガイモの水分が99%であると仮定します。つまり、残りの1kgが固形部分です。これは、日がたっても混ざり合うことはありません。

100kgのジャガイモを一定時間放置して、ジャガイモの水分量を1%減らし、98%としました。

全体の重さは何kgになったでしょうか?

考え方のヒント

イメージの邪魔にならないようにまず補足を。本物のジャガイモは99％も水分はありません。ジャガイモってそんなにみずみずしくないですよね。実際は79％くらいです。あのみずみずしいトマトでも94％くらいです。

このパラドックスは、そもそも「ジャガイモの水分量が99％である点がパラドックス」と思えてしまいそうですが、ジャガイモである点はあまり重要ではありませんので、品種改良で誕生した99％の水分量のジャガイモがそこにあると考えて、先に進んでいきましょう。

100kgのうち、99％が水分なのですから、水分を重さにすると99kgですね。そこから1％減って、水分が98％になったのだから水分が98kgになった。だから、固形部分の1kgと合わせて99kg。

何となくこんな計算をしそうですが、この思考実験のタイトルは「ジャガイモのパラドックス」です。パラドックスという名前がついているくらいですから、きっと直感とは違うんだろうと予想できます。この計算のどこが間違っているかを考える問題ということですね。

ということは、きっともっと軽くなるのでしょう。95kg？ 90kg……？

では、少し思考を整理しながら進めていきましょう。考えやすいように、設定を変えます。

●ジャガ社の社員の場合

たとえば、社員数が100人で、99％が女性、1％が男性のジャガ社という職場があったとしましょう。つまり、女性99人、男性1人です。翌年、女性の比率が1％減少しました。つまり、98％が女性になります。単純に1人女性が減って、女性98人、男性1人と考えればいいのでしょうか。

このとき、会社全体の男女比を考えると、女性の比率が減った分、男性の比率は増えるはずですから、男性の比率は2％となりますね。

ジャガイモのパラドックスとこの設定を照らし合わせると、「99％の水分量が1％蒸発する」わけですから、1％の固形部分の量は全く変わりません。つまり、ジャガ社の男性社員の人数は1人のまま変わらない、ということですね。となると、女性社員が98％で男性社員が2％にあたるジャガ社の社員数は、女性が49人、男性が1人になった、が正解になります。一気に50人も減ってしまうとは、ジャガ社に何かがあったようですね。

同じようにジャガイモの水分量を計算してみます。左ページの円グラフをご覧ください。

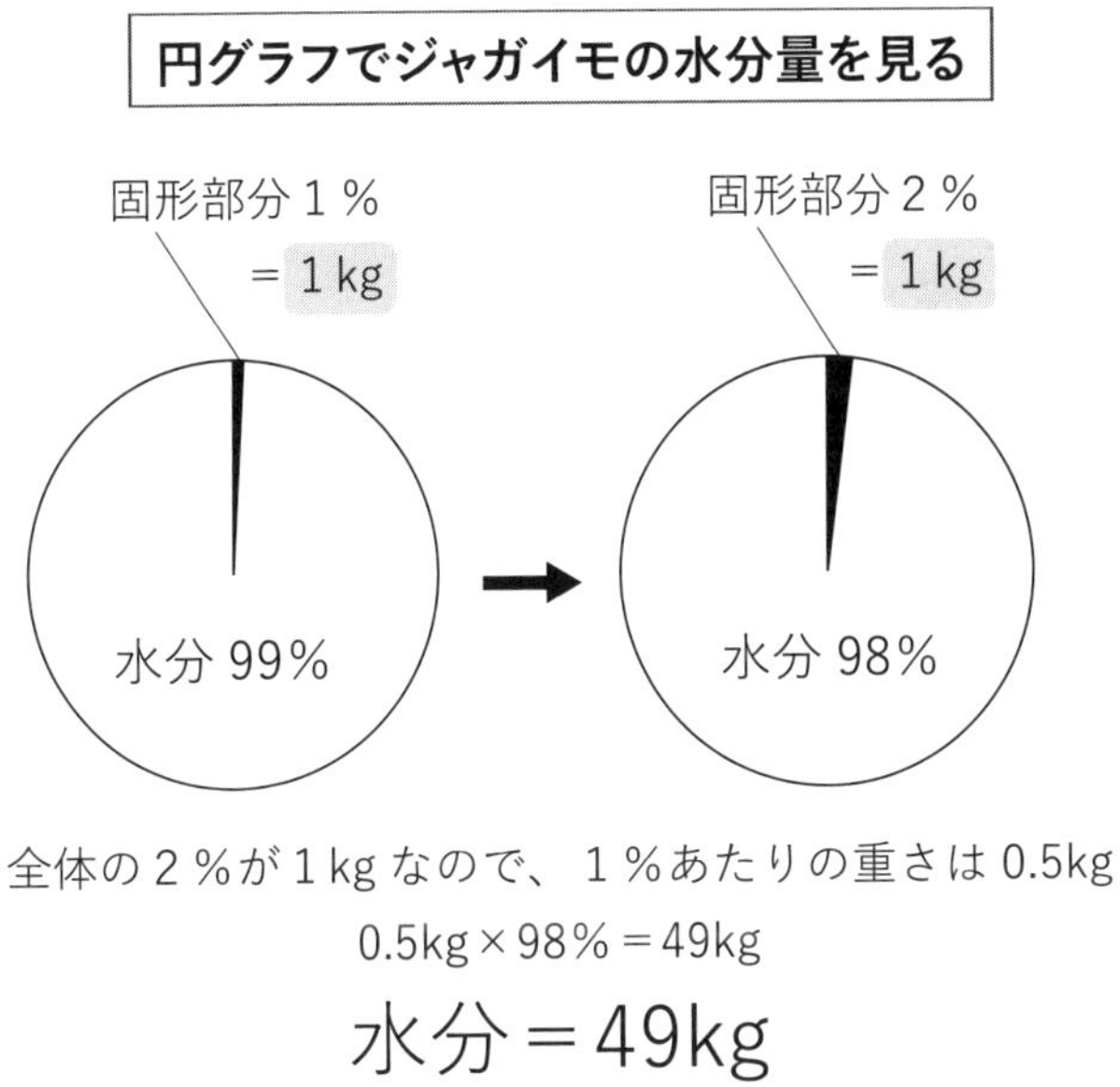

つまり、この問題の答えは、水分量49kgと固形部分1kgを合わせた「50kg」になります。

「たった1％水分が減っただけで全体が50kgも軽くなるわけがないだろう」と直感では考えられますが、そこがパラドックスと呼ばれる所以なのですね。

【思考実験No.12】

最後通牒ゲーム

ある部屋に、この実験を行う実験係と、参加者であるAさんとBさんがいます。AさんとBさんはそれぞれ別のブースに入っており、お互いの様子をうかがい知ることはできません。AさんとBさんは全くの他人で、会ったこともありません。実験の後は、それぞれ別々のドアから外に出て、顔を合わせることはありません。

まず、実験係がAさんに1万円を渡し、2人にルールを伝えました。

「今、Aさんに1万円を渡しました。これはAさんとBさんのものです。ただ、どう分配するかはAさんが決定します。この決定は1回だけ行われ、話し合いはできません。

Bさんは A さんから渡された金額を見て、この分配でいいかどうかを答えます。もし、この分配でいいと答えれば、そのままそのお金を受け取ることができます。もし、納得がいかないなら、受け取るのを拒否することができます。ただし、この場合、AさんもBさんも1円ももらえないことになります」

あなたはAさんです。Bさんにいくらを提案しますか？

また、Bさんであった場合、いくらであれば承諾しますか？

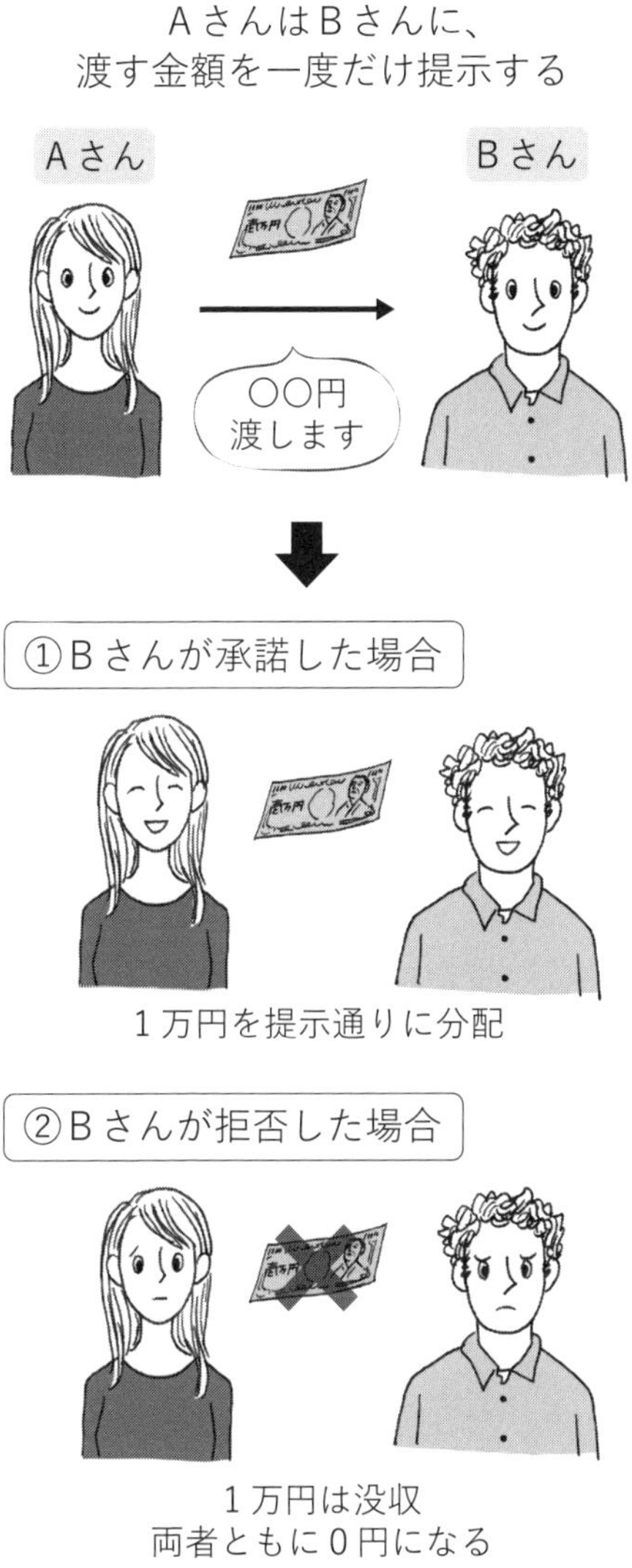
Aさんは B さんに、
渡す金額を一度だけ提示する
Aさん
Bさん
○○円
渡します
①Bさんが承諾した場合
1万円を提示通りに分配
②Bさんが拒否した場合
1万円は没収
両者ともに0円になる

考え方のヒント

●Aさんは Bさんに1円渡せばいい？

仮に、AさんがBさんに1円を渡したとします。すると、Aさんは9999円を、Bさんは1円を得ることになります。もし、拒否をすれば、AさんもBさんも0円となりますから、Bさんにとって「拒否」をすることは「承諾」と比較すると損になります。当然、承諾したほうが自分にとってもプラスです。ですから、拒否をする理由はないはずです。

つまり、Aさんが自分の利益を最大にすることを考えてBさんに渡す金額を決めるなら、「Bさんに1円を渡す」が正解です。

この解説を読んで、「確かにそうだ、AさんはBさんに1円を渡せばいい」と感じる方はいないでしょう。「1円を渡しても拒否されるに決まっている」と考えたはずです。もちろん、それは正しい思考です。Bさんはなぜ、何の得もしない「拒否」を選ぶのでしょうか？

比較のために、まずは機械が最後通牒ゲームをやった場合を考えてみます。

機械のAサンは、自らの利益を最大にする目的で動きますから、100回やって100回とも1円をBサンに渡すことを選ぶはずです。同じく機械のBサンは0より多ければ得なのですから、100回とも承諾することになります。

論理的にこのゲームを考えるなら、これが正解のはずです。しかし、そうならないのが人間の感情です。

●Aさんは Bさんにいくら渡せばいい？

実際にこのゲームをやると、大体半分の5000円を渡す人が多くなるようです。1万円の半分の5000円を渡せばまず拒否はされないでしょう。

最も怖いのはBさんの「Aさんばかり得をしてズルイ！　こうなったら拒否してやる」という感情です。もし、5000円を渡されたなら、「Aさんばかり」と思う理由がなくなります。Bさんは承諾以外を選択することはないでしょう。つまり、Aさんは普通に考えて5000円より多い金額を渡す必要はありません。もし相手に多くを渡すなら、このゲームの駆け引きを超えた何かが働いていると考えられるでしょう。実験係を驚かせたいとか、良く見られたいとか、珍しい人でありたいとか、そんな感情でしょうか。

では、半分より少しだけ少ない、4500円だったとしたらどうでしょう？「まあこのくらいなら」と承諾するケースが多そうです。

では、4000円ならどうでしょうか？「決める権利がAさんだったから自分のほうが少なくなるのは仕方のない事かもしれない」と、しぶしぶ承諾することが想像できます。

では、さらに少ない3000円ならどうなるでしょうか？ Aさんの取り分がBさんの倍を超える7000円になり、Aさんのほうがだいぶん多いという印象になります。

こう考えると、3000円あたりが承諾と拒否の分かれ目になってきそうです。実際、3000円を下回ってくると拒否が増えてくるようです。2000円を下回るとほとんど拒否するという結果もあります。

●なぜ5000円も渡すのか？

自分に金額を決める権利があると言うのに、なぜ、半分も渡してしまう人が多くいるのでしょうか？ 4500円ではなく5000円を渡してしまうのはどういう心理なのでしょうか？

人には平等を好む心や、相手に良くすることで満たされる心が備わっています。また、相手から悪く思われるのを嫌う心もあるでしょう。Aさんが最も望むのは、Bさんから「平等である」「Aさんは自分に損をさせないように気遣いは見せている」と比較的良く思われつつも、若干でも自分のほうが多く手に入れるラインでしょう。

このゲームははっきりと金額の大小が表れてしまうので、平等と思われるには半分しかありません。少しでも少ないと、「Aさんは自分のほうを多くした」と思われるのは確実です。

●なぜ、Bさんは拒否をするのか？

Bさんは1円以上を受け取れば0円よりは多い金額となりますから、論理的に考えると拒否をする理由はないはずです。

しかし1円では、ほとんどの人が拒否を選択します。このとき、BさんがAさんに対して持つ感情は、「Aさんはズルイ」「こんな配分をしたAさんを懲らしめたい」「Aさんの思い通りにはさせたくない」「この配分で成立するわけがないことを理解させたい」とい

9999円と1円の分配にならない理由

「相手によく思われたい」「平等であるべき」
という人間の心理がはたらく

うようなものでしょう。つまり、「Aさんは正しくなく、それを理解する必要がある。そのために罰する必要がある」という心理です。

ですから、もしAさんがサイコロやカードで決定しているなど、Aさんの意図が入らない状態なら、Bさんの反応は違ってくるはずです。

このような心理はビジネスでも身近なところで見られます。次の例を見てみましょう。

●2つの店の原価と好感度

A店とB店という2つの天丼の店があって、どちらの店も変わらずおいしかったとしましょう。価格は両店とも800円で、満足度は同じでした。

ある日、A店の天丼の原価は400円、B店の天丼の原価は200円であったと知ったとしたら、どんな感情を抱くでしょうか。

「B店はずいぶん儲けているなぁ」と感じ、B店よりA店のほうが良心的だという評価をするのではないでしょうか。「B店は工夫によって原価率を抑えて満足させた。A店に比べて企業努力がすごいから高く評価できる」と、A店と比較してB店のほうにより好意を持つ人は稀でしょう。次回天丼を食べたいと思ったときは迷わずA店に足を運ぶだろうと考える人も多いはずです。

テレビ番組で「儲け度外視の（原価率の高い）お店や商品」とか、回転ずしでこれを頼まれたら困る「原価率の高いネタ」などを紹介しているのもこの心理から好感を持たれるためでしょう。

「原価率をぎりぎりまで下げているにもかかわらず、行列を作る人気のお店！」なんていう番組はありませんよね。工夫を称える声よりも、反感の声のほうが多いのは目に見えていますから、そんな紹介のされ方は店側としても断るでしょう。「斬新な味で行列を作る人気のお店！」だとか、違う視点からの紹

天丼の原価とお店の好感度

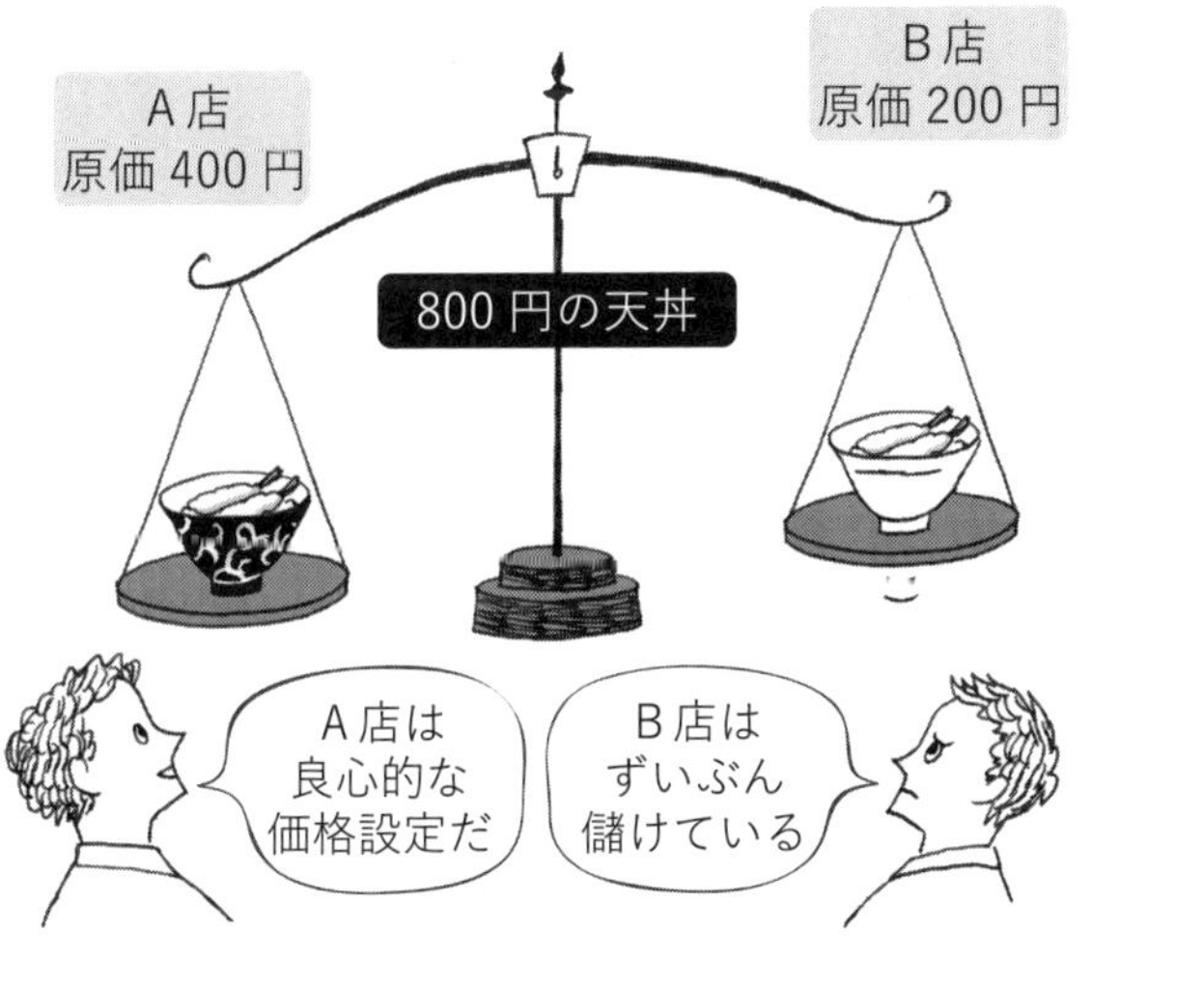
B店
原価 200 円
A店
原価 400 円
800 円の天丼
A店は
良心的な
価格設定だ
B店は
ずいぶん
儲けている

介であれば同じ商品でも受け入れられるのです。人の心理とは、なかなかややこしいものですね。

●最後通牒ゲームと回数

最後通牒ゲームを1回やる場合と、同じ相手で10回行う場合で、AさんとBさんの心理はどう変化するでしょうか。自分が、配分を決めるAさんになった場合と、承諾か拒否かを答えるBさんになった場合について考えてみてください。

●Aさんの複数回最後通牒ゲーム

1回のみの場合は、Aさんから見ると、5000円という安全な金額を提示して絶対に拒否されないようにするのか、4000円やそれ以下を提案し、相手の判断が「承諾」であることを祈るかというゲームになります。

これが、10回行うとなると、心理はどう変化するでしょうか。

Aさんは、まずBさんの気持ちを考えながら全体の流れを想像するでしょう。「もし最初に5000円なら絶対に承諾だろう。2回目が4000円だったらどうだろう？　5000円に戻せと拒否するのか、3回目によるな、と承諾するのか……」

1回のみの場合と違い、10回の合計値を最大にするのがAさんの目的になります。そのときに基準となるのは10回ともBさんに5000円を渡した場合の5万円です。

たとえば、最初に3000円を渡して拒否されたとしましょう。すると、残り9回で5万円を得るには、1回の平均で5556円を得なければなりませんから、Bさんへの提示金額は平均で4444円にする必要があります。2回拒否されてしまうと、平均で6250円を手に入れなくては基準に追いつかなくなるので、Bさんへの提示金額は平均で3750円となり、厳しくなってきます。こう考えていくと、なるべく5000円に近い金額を提示したほうが良さそうに思えます。

ここで、Bさん側を考えてみましょう。

●Bさんの複数回最後通牒ゲーム

もし、4000円を提示されたとしましょう。Bさんはきっとこう考えます。「これを承諾したら、Aさんは『Bさんは4000円でOKと考える人だ』と思って、次も4000円で来るだろう。もしかしたら、『もうちょっと減らしても相手は承諾するかもしれない』と減らしてくる可能性もある。そうなるくらいなら、最初にこの金額を拒否することで、4000円以下では受け取らないという下限を引き、1回の金額を上げたほうが得策なのではないだろうか？」

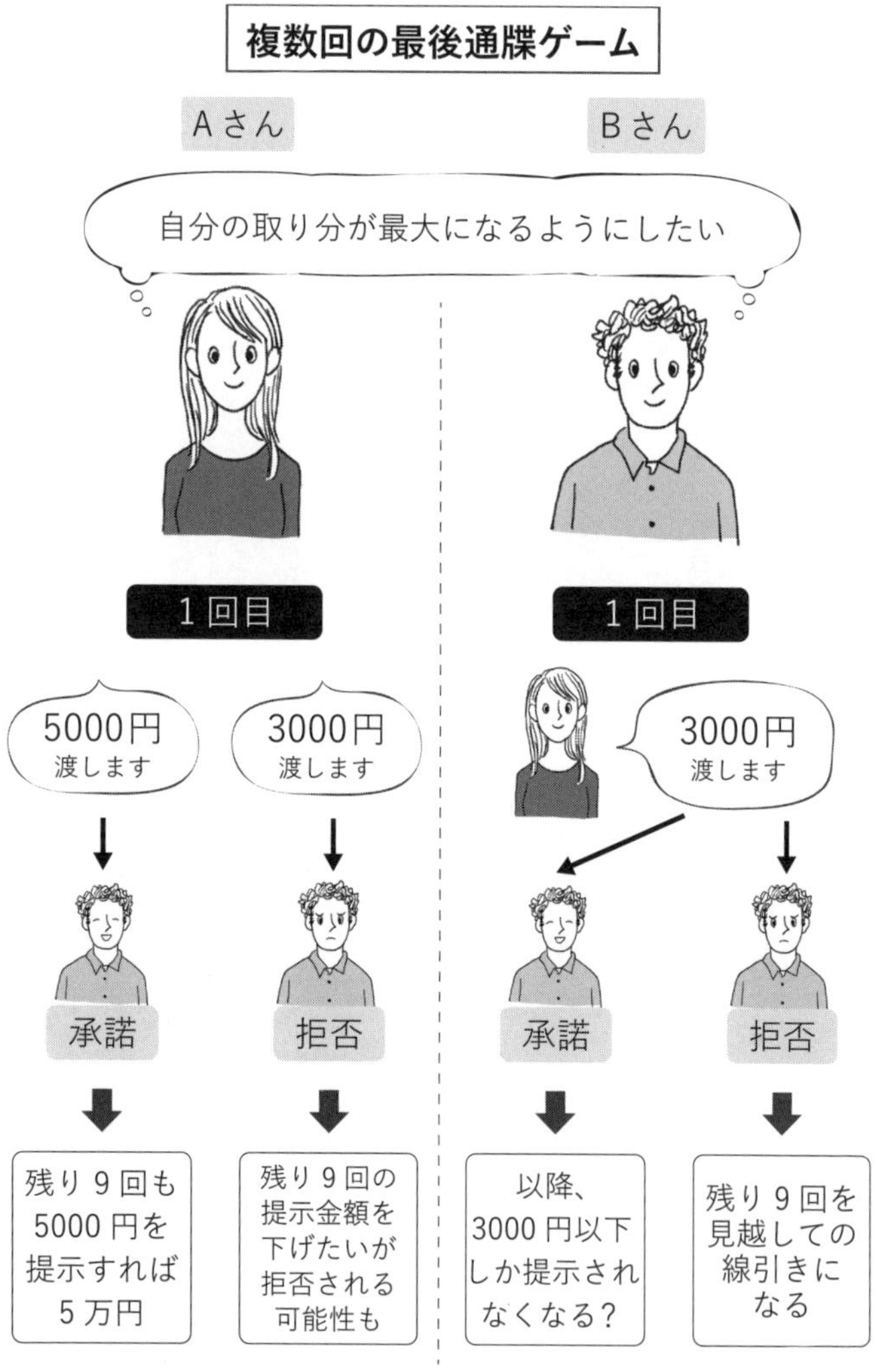
複数回の最後通牒ゲーム
Aさん
Bさん
自分の取り分が最大になるようにしたい
1回目
5000円
渡します
3000円
渡します
承諾
拒否
残り9回も
5000円を
提示すれば
5万円
残り9回の
提示金額を
下げたいが
拒否される
可能性も
1回目
3000円
渡します
承諾
拒否
以降、
3000円以下
しか提示され
なくなる?
残り9回を
見越しての
線引きに
なる

5000円に近い金額を提示することが両者にとって得

Bさんは全部で10回行う場合、最初の1～2回目で線引きしようと考える確率が高まるでしょう。1回であれば受け取る金額でも、残りの9回を考えて拒否する選択肢も出てくるのです。Aさん側に立って考えても、Bさんとして考えても、Aさんの提示金額は5000円に近い金額になっていきそうです。

●設定金額を変えるとどうなるか？

今回は1万円を分配するという設定で考えてきました。もし、これが100円ならどうでしょうか？　100万円なら？　100億円なら？　思考実験であればいくらでも金額を上げることができます。

もし、100億円での最後通牒ゲームで、AさんがBさんに1億円を提示したとしましょう。Bさんは1万円のうちの100円とは、割合はおなじでも違う反応を見せるのではないでしょうか。「拒否をしたら0になる。1億なんて大金をみすみす見逃す理由はない」と考えるはずです。よほどの大金持ちでもない限り、拒否は難しい選択になるでしょう。

金額を変える他にも、片方を大金持ちにするとか、関係性を変えてみるとか、設定次第でまた違った心の揺らぎを感じることができるでしょう。

【思考実験No.13】

ニューカムのパラドックス

ツバサは、都内にある近未来的な建物の中にいました。ここで行われる実験に参加するためです。未来予知の能力を試すのだそうで、未知の能力にツバサは興奮を隠せないでいました。

「この実験を担当いたします、松田と申します。横にいるのは助手の村上です。そして、こちらにありますのが、未来予知をほぼ正確にこなす装置です。名称は『ライト』といいます」

「これが未来予知の装置……」

ツバサは興味津々に装置を見つめています。

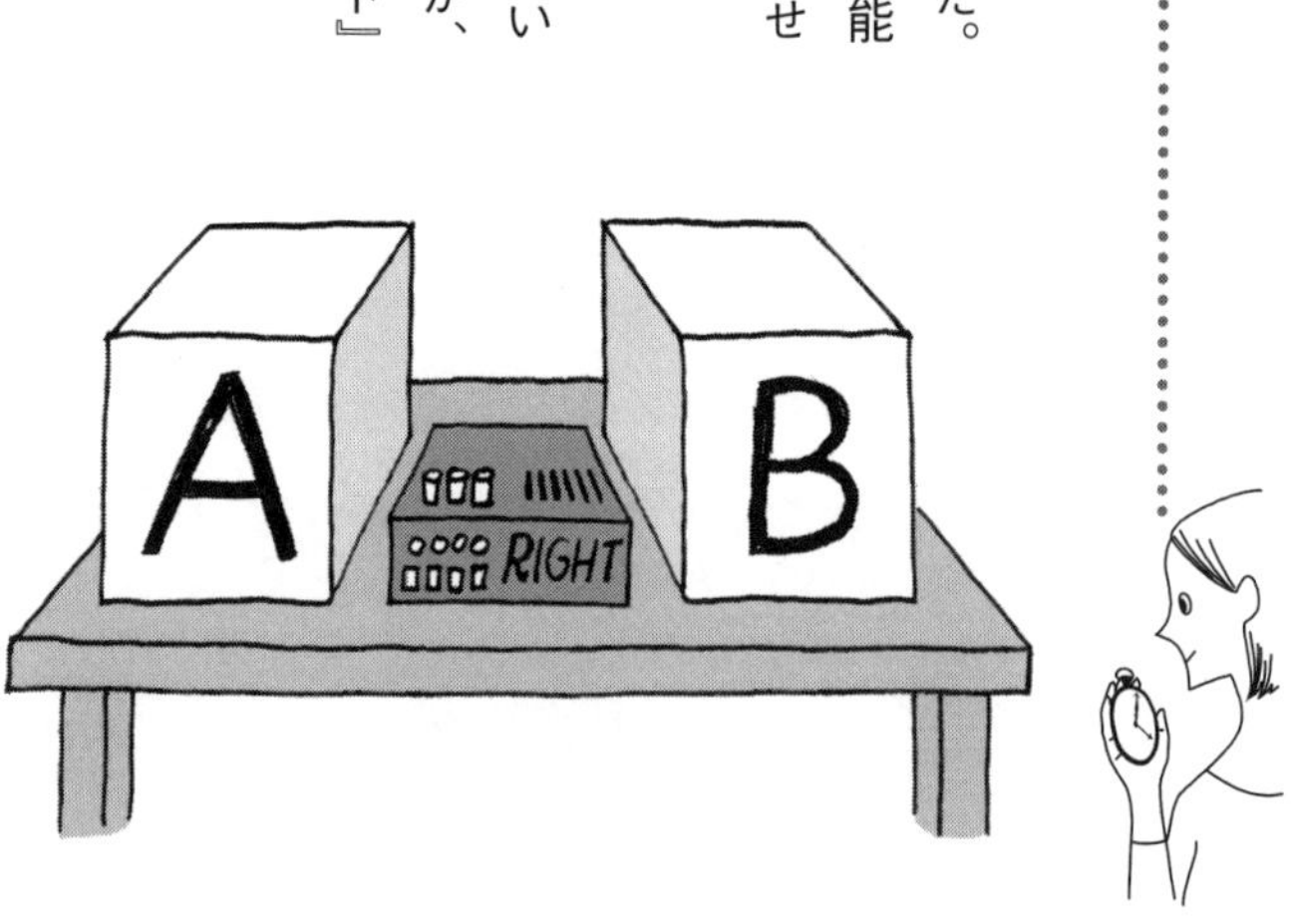

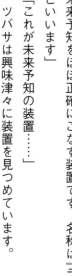

「さて、ツバサくんには、これからこの部屋の中に入ってもらいます。部屋の中にはAとBの2つの箱がありますから、箱Aのみ、または箱Aと箱Bの2つを取ってほしいのです。箱の中身は差し上げます。

まず、ツバサ君は、箱Aだけを取るのか、2つの箱を取るのかを心の中で決めます。次に、部屋に入り、実際に箱を手にします。では、箱の中身についてのルールをご説明しましょう」

【箱Aのルール】
・「ツバサが2つの箱を取る」とライトが予想した場合、助手の村上は、箱Aを空っぽにします。
・「ツバサが1つの箱を取る」とライトが予想した場合、助手の村上は、箱Aに1億円を入れます。

【箱Bのルール】
・箱Bには常に100万円が入っています。

「このルールに従って、助手の村上が箱の中身をセッティングします。セッティングが終わりましたら、声を掛けますので、ツバサ君は部屋の中に入ってくださいね」

「つまり、ライトに〝欲張りなやつだ〟って思われたら、箱Aの1億円が消えちゃうってことかな。でも、ライトの予想も100％じゃないんだよね。〝ほぼ正確〟なわけだし。……よし、決めたぞ」

「さあ、箱Aを取るか、両方の箱を取るか、決まりましたね。箱の準備は整いました。さあ、部屋にお入りください」

ツバサは箱Aだけを取ったほうがいいでしょうか？

それとも、箱Aと箱Bの両方を取ったほうがいいでしょうか？

考え方のヒント

ライトはほぼ正確にツバサが箱Aだけを取るか、箱Aと箱Bの両方を取るかを予想できます。ですから、ツバサが箱Aだけを取ろうと考えて部屋に入ったなら箱Aには1億円が入っていて、ツバサは「ほぼ」確実に、予定通り1億円を手にするでしょう。

ここで、何か考えることはなかったでしょうか？　この問題がなぜパラドックスと言われているのかという問題です。「箱Aだけを取る」が疑いもなく正解ならば、パラドックスとは言えないでしょう。しかし、箱Aと箱Bの両方を取ると、高確率で箱Aが空っぽになり、手にできるのは100万円になってしまいますから、これは賢い選択とは言えません。

ライトの予想とそれに対応した箱の中身

ライトの予想＼箱	箱A	箱B
Aのみを取ると予想	1億円	100万円
AとBの両方を取ると予想	0円	100万円

●1億100万円を手にすることはできないだろうか？

違う思考を得るために、あえて最高額の「1億100万円」を目指してみましょう。このためには2つの条件が必要です。

①箱Aに1億円が入っている
②箱Aと箱Bを取る

一見、ライトが間違えたときにたまたま両方を取った場合しかありえないように感じられます。しかし、発想を変えてみましょう。先ほどのツバサの行動をまとめてみます。

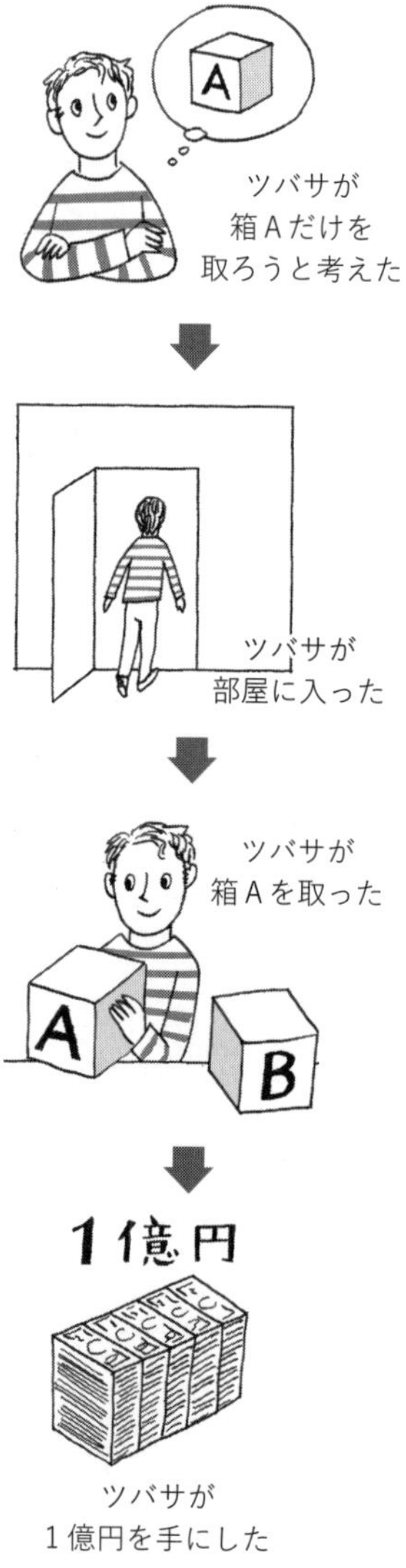
A
ツバサが
箱Aだけを
取ろうと考えた
ツバサが
部屋に入った
ツバサが
箱Aを取った
A
B
1億円
ツバサが
1億円を手にした

この流れに注目します。ここに、「助手の村上が箱Aに1億円を入れた」を入れてみます。

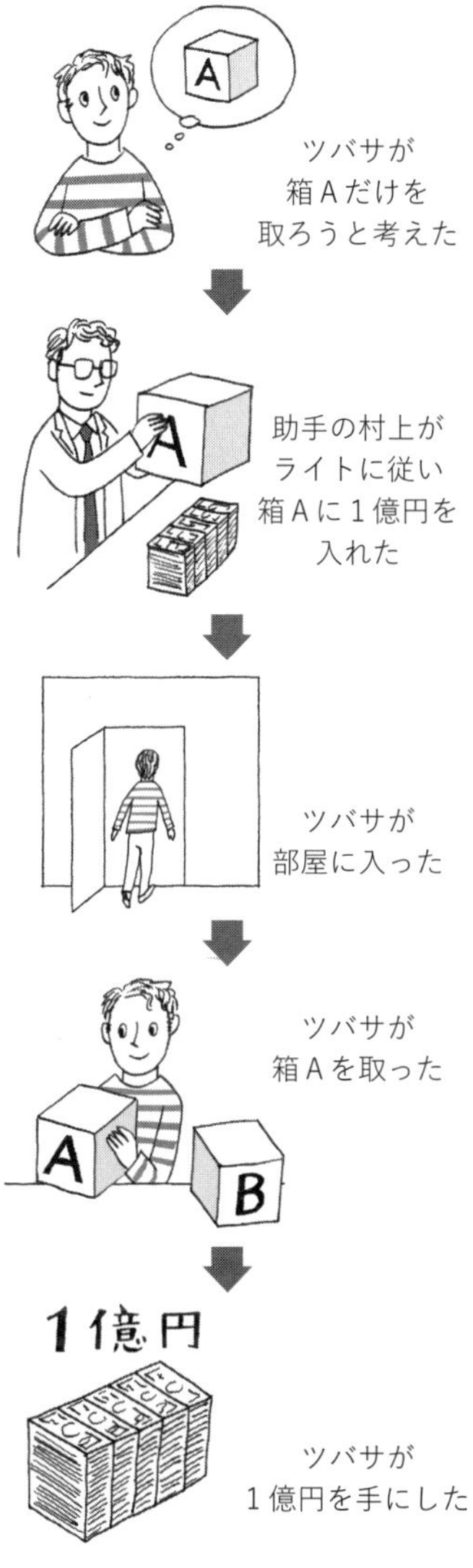
A
ツバサが
箱Aだけを
取ろうと考えた
A
助手の村上が
ライトに従い
箱Aに1億円を
入れた
ツバサが
部屋に入った
ツバサが
箱Aを取った
A
B
1億円
ツバサが
1億円を手にした

ツバサが部屋に入ったとき、すでに1億円は箱Aに入っています。つまり、ツバサが箱Aだけを取ろうと、箱Aと箱Bを取ろうと、箱の中身はすでに決定しているのですから、変化はないはずです。もし、ツバサが「箱Aだけを取ろう」と考えて部屋に入り、結局両方の箱を手にしたなら、1億100万円を手にすることができるはずです。

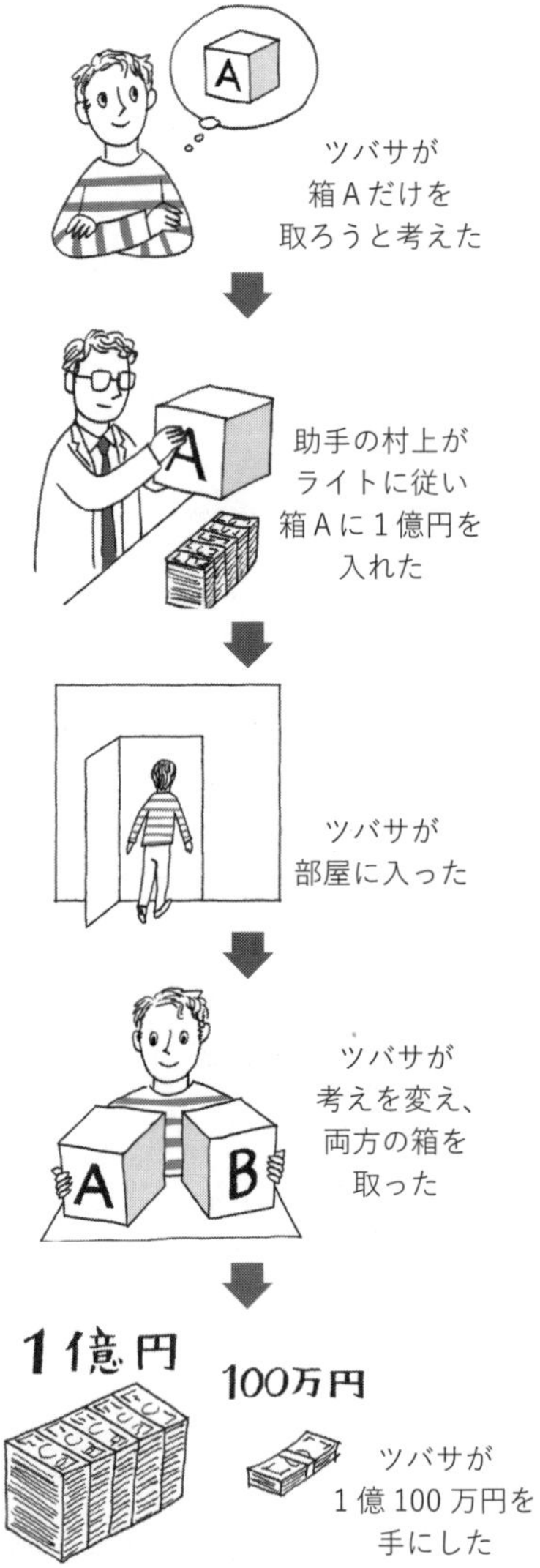
A
ツバサが箱Aだけを取ろうと考えた
A
助手の村上がライトに従い箱Aに1億円を入れた
ツバサが部屋に入った
A
B
ツバサが考えを変え、両方の箱を取った
1億円
100万円
ツバサが1億100万円を手にした

しかし、この考えにも1つ問題点があります。もし、ツバサが「箱Aだけを取ろう」と考えて部屋に入り、部屋に入った途端、「やっぱり2つとも取っちゃおう」と心変わりしたとしましょう。この心変わりもライトに見抜かれているという可能性はないでしょうか？

ライトに「ツバサは途中で気が変わって箱Aも箱Bも取る」と予想されれば、いくらツバサが「箱Aだけを取ろう」と考えて部屋に入っても、箱Aは空っぽになるでしょう。その場合、ツバサは1億100万円ではなく、100万円のみを手にすることになります。

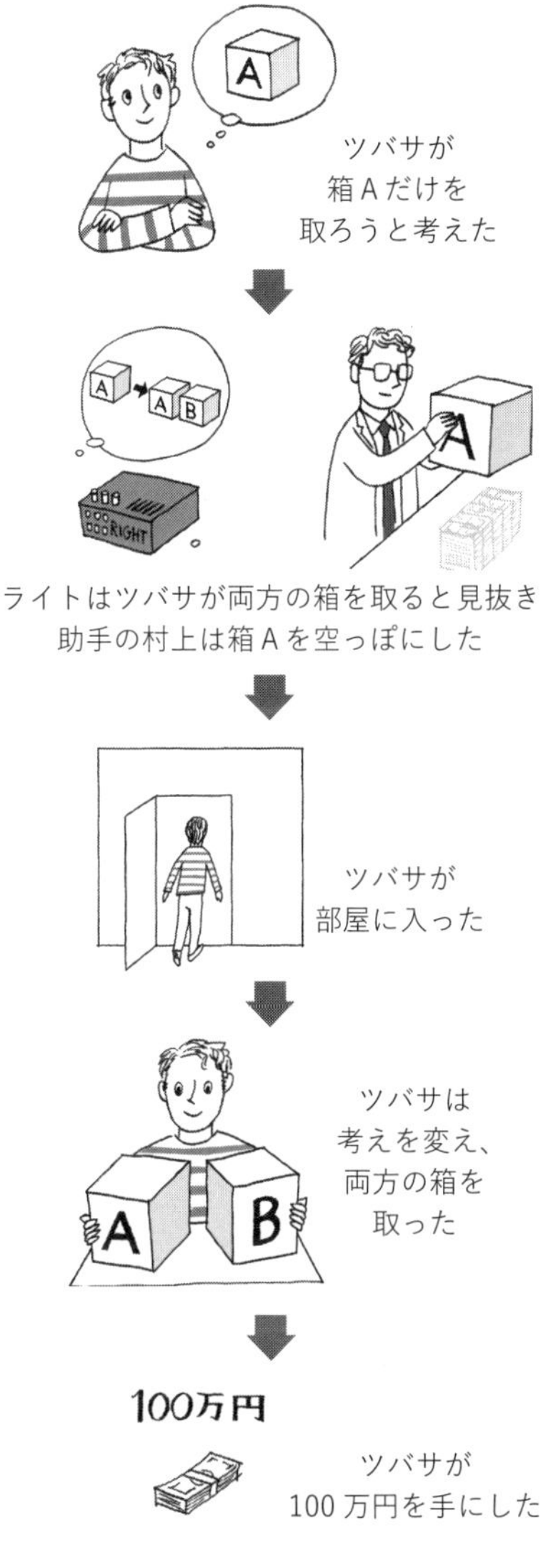
ツバサが
箱Aだけを
取ろうと考えた
RIGHT
ライトはツバサが両方の箱を取ると見抜き
助手の村上は箱Aを空っぽにした
ツバサが
部屋に入った
ツバサは
考えを変え、
両方の箱を
取った
100万円
ツバサが
100万円を手にした

ツバサが「箱Aだけを取ろう」と決めて部屋に入り、「やっぱり2つとも取ろう」と考え直して2つの箱を取った場合、1億100万円を手にするのか、100万円を手にするのか、どちらになるのでしょうか?

実際、ニューカムのパラドックスに対する考えは、「箱Aだけを取ると考え、その通りにするのが賢い選択である」とする意見と、「箱Aだけを取ると考えて部屋に入り、2つの箱を手にするのが良い方法だ」とする意見に真っ二つに分かれています。その割合はほぼ半々で、この思考実験がいかに難問であるかを示しています。

予知能力という未知の能力をどうとらえるかで答えが変わる点が、パラドックスということですね。

もしあなたなら、箱Aだけを取りますか? 両方の箱を取りますか?

【思考実験No.14】

誕生日のパラドックス

高校1年生のあるクラスの教室には30人の生徒がいます。数学の牧野先生は、こんな授業を始めました。

「ここには30人の生徒がいます。まだ4月ですし、きっとお互いの誕生日はわからないでしょう。では、もし、30人のうち2人以上が同じ誕生日だったとしたらどう感じますか？ A〜Dの中のどれに近いか、考えてみてください」

A：30人の中で同じ誕生日の人が2人いたら、奇跡的。確率は3％くらいだろう
B：30人だけでは誕生日が重なるとは思えない。確率は10％くらいだろう
C：30人の中で同じ誕生日の人同士がいてもそれほど驚かないが、30％くらいだろう
D：30人もいたら、どこかに同じ誕生日の2人がいそうだ。50％は超えるだろう

あなたも、このクラスの1人になったつもりで考えてみてください。

考え方のヒント

●なぜ、パラドックスといわれるのか

「誕生日のパラドックス」といわれるこの問題ですが、計算をして答えを出せば、正しい答えが得られる問題です。特段、その計算上に矛盾が生じるわけでもありません。

この問題が「パラドックス」といわれる所以は、直感と計算結果の違いにあります。30人のクラスのなかで、同じ誕生日の人が2人以上いる確率はどのくらいでしょうか。多くの方は、直感ではAの3％くらい、またはBの10％くらいと感じたのではないでしょうか。

●実際に計算をしてみる

30人の中で、同じ誕生日の人が2人以上いる確率を求めてみます。この確率は、30人がお互いに全く誕生日が被らない確率を求め、100％からそれを引くことで求められます。

（同じ誕生日の人が2人以上いる確率）

＝100％－（30人の誕生日がお互いに全く被らない確率）

なぜ最初から、「同じ誕生日の人が2人以上いる確率」を求めないのかは、やろうとしてみるとわかります。どうやったら計算できるのかさっぱりわからなくなりませんか。今回の計算は、「そうでない確率」を100%から引いたほうが楽に計算できるケースです。

1人目と2人目の人から計算してみます。

出席番号1番の人が、1月1日生まれだったとします。出席番号2番の人が、1番の人と同じ誕生日である確率は、366分の1ですね（2月29日も入れて計算します）。

ここから、出席番号2番の人が1番の人と違う誕生日である確率は、それ以外のすべてですから、366分の365です。

次に、出席番号3番の人が、1番の人とも、2番の人とも違う誕生日である確率を考えます。1番の人の誕生日と、2番の人の誕生日以外であれば何月何日でもいいので、366日分の364日になります。

この先は、出席番号4番の人は1番の人とも、2番の人とも、3番の人とも違う誕生日ですから、366日分の363日と続いていきます。これを出席番号30番目の人まで続け、それらの確率を全てかけ合わせれば、「30人がお互いに全く誕生日が被らない確率」が算出できます。

$$\frac{365}{366} \times \frac{364}{366} \times \frac{363}{366} \times \cdots\cdots \times \frac{336}{366} = 0.27$$

計算結果は０・27となりました。１００分率に直すと27％です。「クラスにいる30人の誕生日が全く被らない確率」は27％にすぎないことがわかります。

この結果からおよそ73％、つまり約７割の確率で、同じ誕生日の人が２人以上いることがわかりました。思考実験「誕生日のパラドックス」のＡ～Ｄでは、Ｄに該当します。しかも、５割を超えるどころか、７割を超える結果となりました。

「たった30人では、どこかに同じ誕生日の人同士がいる可能性は低い」と直感では思っても、実際は「30人も集まれば同じ誕生日の人同士がいるのではないか？」と思うべき確率なのです。

たしかに、直感と違うと思われたでしょうか。そうであれば、誕生日のパラドックスがパラドックスといわれている理由を実感していただけたのではないかと思います。

●その直感はある条件で正しくなる

今回の問いに対する確率が10％や、奇跡的なものと感じた方は多いでしょう。それは、ある条件によって正しくなる直感と言えます。それはこんなケースです。

「さて、ここには30人の生徒がいます。まだ4月ですし、きっとお互いの誕生日はわからないでしょう。では、もし、ここに転校生がやってきて、その転校生と30人のうちの誰かが同じ誕生日だったとしたらどう感じますか？」

この場合、ざっくりと頭の中でその答えと近い値が計算できます。ある1人が、30人のうちの誰かの誕生日と同じ誕生日になる確率ですから、366分の30と大体変わらないんじゃないかと思うはずです。366分の30は、大体8・2％です。選択肢でいうとAの3％くらいとBの10％くらいの間ですね。たしかに直感に合う結果です。

実際は、30人の生徒の間で同じ誕生日がある場合もあり、転校生が被ってはいけない誕生日の数は少なくなりますから、366分の30よりは少し小さな数字（7・6％くらい）になります。ますます、選択肢のAとBの間に近づきました。もし、選択肢AかBで迷ったのであれば、このケースにおける直感として非常に優れた数字の感覚であったということになります。

なぜ直感的に「奇跡的な確率だ」と考えてしまうのかというと、人はつい特定の人物、ひいては自分を基準にして物事を考えてしまうからと言えます。今回の問題は「クラスの中で同じ誕生日の人が2人以上いる可能性」ですが、無意識のうちに「自分と同じ誕生日の人が2人以上いる可能性」を考えてしまうのです。

人は、数字を扱うようになってからまだ歴史が浅く、数字に対する直感が弱いともいわれています。値段や量について「大体どのくらいになりますか?」と聞いても「あまり高くはなりません」とか、「十分な量にはなりそうです」などと、範囲さえもわからない返答が多いものです。

一方で、数字は強い説得力をもち、数字を使った説明はわかりやすさがあります。つまり、人は数字を扱うことを苦手としがちですが、数字の持つ力に理解やイメージにおいて助けられているのです。数字に騙されやすいとも言えますね。

【思考実験No.15】

ヘンペルのカラス

ある飲食店で、上司とその部下が論理学について話しています。

「すべてのカラスは黒い。これは当然のことだな」

「ええ。カラスは黒い生き物ですね」

「いいか、命題『AならばB』を証明するためにはその〝対偶〟となる、『BでないならばAではない』を証明すればよいはずだな」

「ええ。その通りです。数学では命題と対偶の真偽は必ず一致します」

「では、対偶を用いれば、すべてのカラスは黒い、つまり『カラスならば黒い』を証明できるはずだ」

「その通りです。やってみましょう。空は黒くないからカラスではない、桜の花は黒くないからカラスではない、この店のテーブルは黒くないからカラスではない、割りばしは黒くないからカラスではない……」

さて、この方法は成功するでしょうか？

この時点で「白いカラスもいる」と思われるかもしれませんが、それについては後述しますので、まずはすべてのカラスが黒いものとして考えてみてください。

考え方のヒント

●逆、裏、対偶

「AならばBである」という前提（命題）があるとき、次のように表します。

「BならばAである」＝〝逆〟
「AでなければBではない」＝〝裏〟
「BでなければAではない」＝〝対偶〟

たとえば、「桜は植物である」という前提があれば、その逆は「植物ならば桜である」となり、裏は「桜でなければ植物ではない」、対偶は「植物でなければ桜ではない」となります。

命題と「逆・裏・対偶」

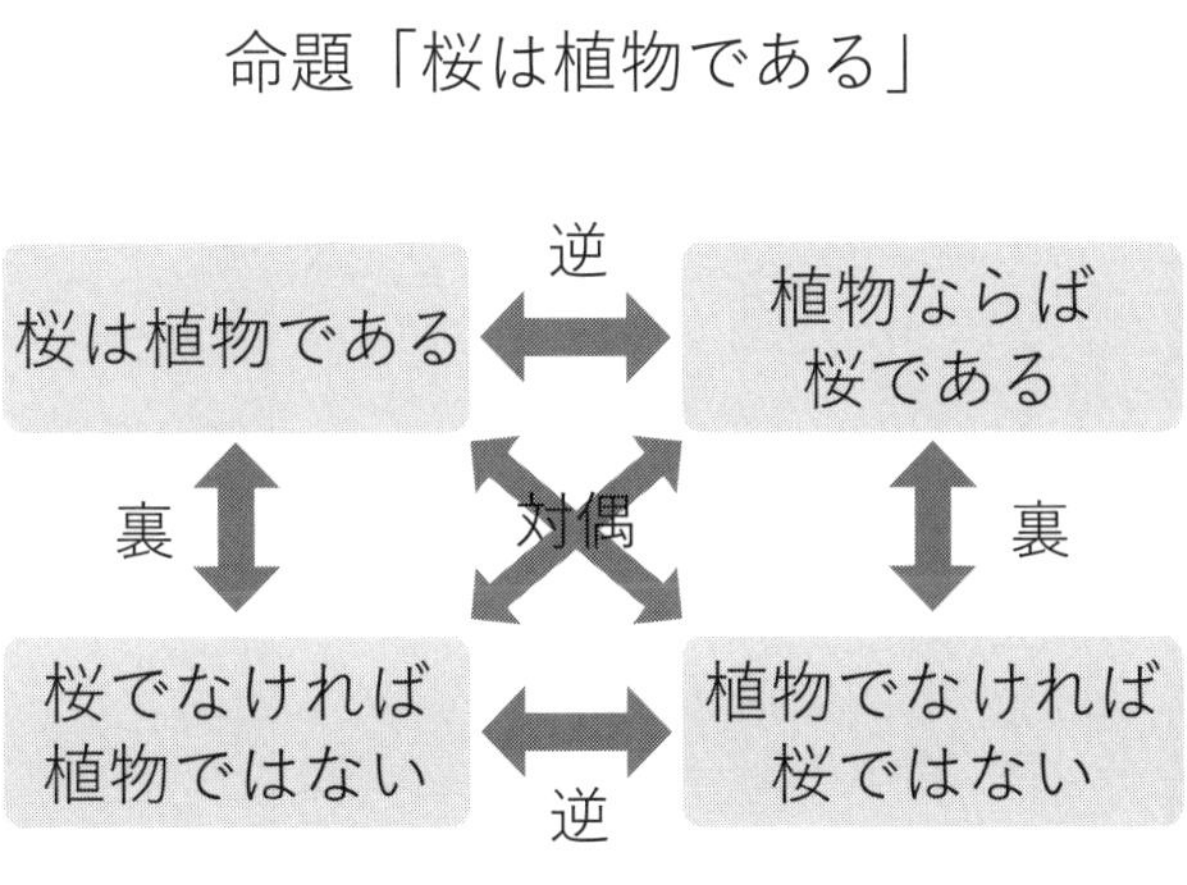

1つ1つ見ていくと、裏と逆は誤りですが、対偶は正しいことがわかります。桜でなくてもタンポポや椿や大根など、植物はたくさんありますし（裏）、植物がそこにあっても桜とは限りません（逆）。

他にも見てみましょう。

前提：「赤は色である」
逆：「色は赤である」　…　青や黒ということもあります。
裏：「赤でないなら色ではない」　…　緑や黄色も色です。
対偶「色でなければ赤ではない」　…　たしかに。

前提：「人は飛べない」
逆：「飛べないならば人である」　…　馬や牛、本や電柱かもしれません。
裏：「人でなければ飛べる」　…　コップや羊が飛ぶことはありません。
対偶「飛べるならば人ではない」　…　たしかに。

このように、前提となる条件の逆、裏は誤りですが、対偶は正しくなります。では、ヘンペルのカラスを見ていきましょう。

前提：「すべてのカラスは黒い」

逆：「黒ならばすべてカラスである」……海苔やチョコレートや文字かもしれません。

裏：「カラスでなければすべて黒ではない」……砂鉄や夜空も黒いです。

対偶「すべての黒くないものはカラスではない」……たしかに。

数学では、前提（命題）を証明するために、対偶を証明し、対偶が真だから前提も正しいという証明の方法を使う場合が多々あります。

では、「ヘンペルのカラス」において、対偶を証明しようと試みたとしましょう。すると、物語の部下のように、「空は黒くないからカラスではない、桜の花は黒くないからカラスではない……」と黒くないものをすべて調べていくことになります。この作業を続けていくと、奇妙なことに気がつくでしょう。

「カラスのことを調べているはずなのに、私は1羽のカラスも調べていない」や、「タンポポが黄色であることが、カラスの黒さを証明するために必要である」という事実です。

これが、ヘンペルのカラスがパラドックスと言われている所以です。通常の感覚なら、調べたい対象を調べますから、ヘンペルのカラスのように、カラスを1羽も調べることなくカラスが黒いことを証明するとか、みかんが緑や橙色であることをカラスの黒さを証明するために確認するというのは、感覚として引っかかりがあります。また、黒ゴマがカラスかどうかは調べる必要はありません。黒いものは1つも調べなくていいのです。

その違和感にめげずにこれを続けたとしましょう。それでも調べきれるはずはありません。黒くないものなんて一生かけても調べつくせるはずがないからです。日々黒くないもの（製品や生き物）は生まれていますし、

ヘンペルのカラスの論理

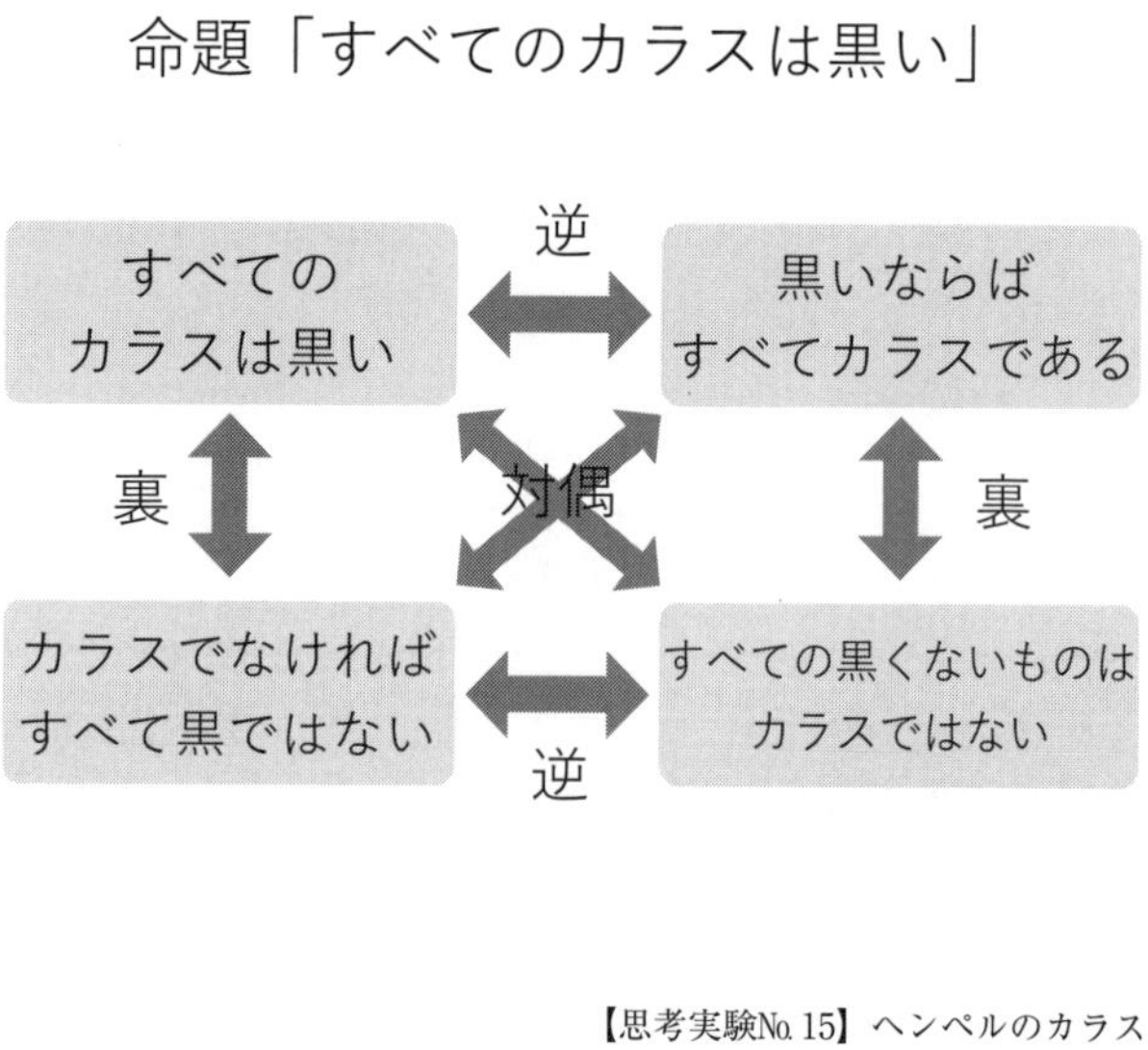

海底や宇宙など、調べられない場所もあります。

「すべての黒くないものを調べれば、カラスが黒いことが証明できる」と言われても、直感として受け入れ難いのは、そもそも実行できるはずがないことも理由の1つでしょう。

それでも、論理的には「すべての黒くないものを調べれば、カラスが黒いことが証明できる」は正しく、この証明は不可能ではありますが、間違った理屈ではありません。このように、実際と感覚の距離が離れているため、パラドックスとして有名になったのですね。

ちなみに、ヘンペルのカラスは、論理的に正しくても、そもそも前提が間違っているので、この証明は「白いカラス」を見つけた時点で終了になります。

2017年5月に京都で見つかった白いカラスは、くちばしや足まですべてが白い美しい鳥でした。これらはアルビノという生まれつき色素が少ないカラスや、白変種によって白くなったカラスで、アルビノや白変種は他の動物にも以前から存在しています。

●ヘンペルのカラスからの発想

こうした受け入れ難さを持つヘンペルのカラスですが、これを応用すると、おかしな証明が始まってしまいます。

たとえば、「すべての人魚は泳ぐことができる」を証明するには、対偶である「すべての泳ぐことができないものは人魚ではない」を調べればいいことになってしまいます。他にも、「すべての宇宙人は桃色である」など、ありえないものが証明されてしまいます。

先ほどのヘンペルのカラスのように、白いカラスを見つけた時点で前提が間違っていることが証明される、ということもありません。泳げない人魚も、桃色の宇宙人も発見できるはずはないのですから。

そもそも前提が誤りであるなら、このようにいくらでもおかしな証明ができてしまいます。そして、逆やら対偶やらと論理学を駆使して力強く論じれば、妙な説得力を持つのも事実です。人魚や宇宙人では流石に説得はできなくても、おかしな論理を巧妙に持ち出せば、間違った事実をさも正しいかのように信じ込ませることが、時には可能になるでしょう。自分がおかしな論理を信じてしまっていないか？　常に持っておきたい視点の1つですね。

【思考実験No.16】

ガリレオの思考実験

ガリレオが科学を勉強していたころ、教えられていたのはアリストテレスの考え方です。

「物体は重いものほど先に落下する」

ガリレオは考えます。

「重いものほど早く落下する。これは正しいだろうか？」

ここから、ガリレオの思考実験が始まります。

「もし、アリストテレスの考えが正しいならば、100kgの鉄球と1kgの鉄球を落下させたら100kgの鉄球のほうが先に落ちるはずである。では、この2つの鉄球を紐でつないだらどうだろう？

アリストテレスが正しいならば、100kgの鉄球のほうが先に落ちるのだから、1kgの

鉄球は１００ｋｇの鉄球に引っ張られて早く落ちるだろう。反対に、１００ｋｇの鉄球は、１ｋｇの鉄球に引っ張られて遅く落ちるだろう。

一方で、アリストテレスが正しいならば、２つの鉄球を繋いだ物体は１０１ｋｇと紐の重さになるのだから、当然１００ｋｇの鉄球よりも重い。だから、３つの中で最も速く落下するはずである。

アリストテレスが正しいとすると、相反する２つが正しいことになる」

ここから何がわかるか、思考実験を続けてみてください。

つながれた2つの物体はどのように落下する?

100kg と 1kg の物体をつなぐと…？

考え方のヒント

当たり前のように教えられていた「重いものほど先に落下する」という当時の「事実」を疑うという非常に柔軟な思考で、ガリレオは１００ｋｇの鉄球と１ｋｇの鉄球を頭の中で落下させるという思考実験を試みたのです。結果として、前提とした、アリストテレスの考え方である「重いものほど先に落下する」が誤りであると結論付けました。

これは、今では当たり前のように学校で教えられ、「すべての物体は同じ速さで落下する」と教科書に書かれています。

しかし、実際にやってみると、鉄の塊と風船を落下させたら鉄の塊のほうが先に落下します。水の入った容器と、同じ容器に綿を詰めたものを落下させれば、水が入った容器のほうが先に落下します。すべての物体は同じ速さで落下はしませんね。

もちろん、教科書やガリレオが間違っているわけではありません。ガリレオは、「重いから先に落下する」のではなく、本来は同じ速さで落ちるのだけど、空気抵抗があるため、綿の入った容器より水の入った容器のほうが先に落下すると考えたのです。固く丸めたティッシュと、そのままのティッシュを落下させれば、固く丸めたティッシュのほうが先に落下しますから、重さで落下速度が決まっているわけではないことは体感でもわかります。人を例にとっても、パラシュートを開けば、全体の重さは重くなっているにもかかわらず、ゆっくりと落下することが可能です。

空気抵抗のない真空の中で、鉄球と羽を落下させれば、確かに同じ速度で落下することが証明されています。

●答え合わせのできない問題で真実を追求する

ガリレオの生きた時代には、真空での実験は不可能でした。ですから、実際に「空気抵抗のない状態で2つの物体を落とす」ことはできなかったのです。実際にやってみて答えを知ることができない、つまり答え合わせができない問題に対して、思考実験だけで正確な解答を導き出して見せたわけです。

教科書で日々学び、答えがある安心感のもとで考えているだけでは、なかなかこのような発想や思考はできないでしょう。実際に環境を作り出して実験をしてみて、「確かにこうなるんだ」と理解するのは簡単なことです。新しい発想を生み出すために大切なのは、答えがないものに対して、どれだけ真実に近づく思考ができるかなのではないでしょうか。

ガリレオは、実際の落下実験をピサの斜塔で行ったとされていますが、これはガリレオの弟子による作り話であろうと言われています。空気抵抗のある状態での実験では、ガリレオの思い描く結果は得られなかったでしょう。ガリレオが本当に行ったのは斜面から物を転がす実験で、弟子はそれをもっとすごい実験だったと思わせたかったのかもしれません。

ちなみに、アリストテレスの「物体は重いものほど先に落下する」という考えをガリレオより先に疑った人がいます。それは数学者であり物理学者のシモン・ステヴィンという人物であったそうです。

いつの時代も思考実験は、その時代の常識を打ち破る深い思考力と発想力を生み出してきたのですね。

第3章

価値判断の基準を問う思考実験

【思考実験No.17】

芸術の価値・1～本物と偽物～

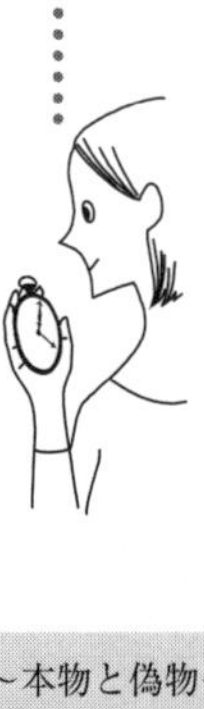

17世紀の名高い水彩画家シコウジーの作品は、どれも高額で取引されていました。この「日常の空」という作品もその1つで、推定3億円の価値があると言われています。

しかしある日、「日常の空」は、シコウジーではなく、彼の友人であった売れない画家の作品であることがわかりました。シコウジーは友人からその作品を貰い、自宅に飾っていたため、シコウジーの作品と混同されてしまったようです。その事実がはっきりしたとき、美術館から「日常の空」は外され、その価値は急落しました。

シコウジーに詳しい専門家は言いました。

「この作品だけ違和感があったのは確かです。シコウジーの作品でないとわかり、納得しましたよ。絵のタッチの差もありますし、色使いもシコウジーらしくないですからね」

絵画に変化が起こったわけでもなく、確かに「日常の空」という絵は人々を感動させ、楽しませてきました。

それなのに、なぜ「日常の空」の価値は大きく下がってしまったのでしょうか？

考え方のヒント

この思考実験に出てきたシコウジーは架空の芸術家ですが、名高い画家の作品には、「本人の作品かどうかは不明」という作品も少なからずあるものです。

シコウジーの「日常の空」は、高名な画家の作品から、無名の画家が描いた作品に変わりました。この無名の画家は世間の関心を集め、彼の作品の値は上がるかもしれませんが、「日常の空」に対する評価は一変したのです。そうとわかったからか、専門家も追い打ちをかけるように作品に付けられていた高い評価に疑問符を投げかけます。

「日常の空」は、シコウジーの作品とされていたときも、無名の友人の作品であると判明した後も、全く変わっていません。作品自体が持つ素晴らしさは少しも変わっていないのです。それなのになぜ価値は下がってしまうのでしょうか。

この逆もあるでしょう。あるお店に飾られている落書きのような絵があって、もっときれいな絵を飾ればいいのにと感じたとします。絵を見ているあなたを見て、店主が嬉しそうに近づいてきて、「素晴らしいでしょう。ピカソの絵なんですよ」と言ったとしたら、どうでしょうか。きっと、その絵に対するあなたの評価は変わるはずです。絵のすばらしさは理解できなくても、少なくとも、「自分には落書きにしか見えないけれど、価値のある絵であることは理解した。なんせピカソなんだから。わかる人には、この絵の価値がわかるんだろうなぁ」と思うでしょう。それでも落書きと思えても、「落書き」から、「ピカソの落書き」には変わるわけです。最初に「落書き」と思っていた絵自体に変化はないのに、なぜ評価が変わったのでしょうか？それは、「ピカソ」が偉大な芸術家であるという価値を私たちは知っているからです。「ピカソ＝20世紀最大の画家と言われる人物」という知識が評価を変化させたわけです。

こう考えると、絵自体の価値というよりも、絵を取り巻く世間一般の知識としての価値が絵の価格を押し上げると考えられるでしょう。絵そのものの評価＝内的要因より、社会の評価＝外的要因によって、絵の価値が決められているようです。

テレビで「高価なもの」と「庶民的なもの」の差を見極めるというクイズ番組が放送されていますが、出演者が良いと思って選んだものと、答えは頻繁に食い違います。そして、間違えると、芸術や味の価値がわからない人という扱いを受けるのです。

視聴者を含め、多くの人がさっぱりわからないと感じる「価値の差」はどこから生まれているのでしょうか。ほとんどの人がわからないような価値の差は、内的要因より外的要因に依存する部分が多いでしょう。なんせ、物自体を見ても価値の差はわからないのです。一方でわか

何が物の価値を決めるのか？

絵自体に変化はないにもかかわらず、
「ピカソの絵」という外的要因が絵の価値を上げる

る人が持っているのは、「これが良いものである」という知識である場合が少なくありません。たとえば、「高いのはA。でも自分が好きなのはB」と、好みと価値が分かれる場合もあるはずです。その場合は自分にとって内的要因だけを見ればBのほうが価値は高く、外的要因を加味するとAのほうが価値は高くなるわけです。

たとえば、アップルパイ1つとっても、銀紙に包まれてホイッと渡されるものと、美しいレストランでお皿に綺麗に盛り付けられたものでは、到底同じ価格には感じられないでしょう。アップルパイ自体は全く同じものであっても、銀紙に包まれたほうは200円がやっとで、レストランで出されたものは1200円だと言っても納得させられるかもしれません。

物の価値を決めるのは「物自体の価値（内的要因）」＋「それを演出する外からの評価（外的要因）」があり、思いのほか外的要因は大きな部分を占めていることがわかります。

では、本人の作品であることに変わりがないのに、作品の価値が低下する場合、どんな原因が考えられるでしょうか？　次の思考実験は、高い評価を得た絵画が、実は本人の失敗によるものであった場合を考えてみます。

【思考実験No.18】

芸術の価値・2〜日記と真実〜

16世紀の名高い油彩画家シコウジアの作品はどれも人気があり、破格の値が付けられていました。このタテ45ｃｍ×ヨコ50ｃｍの抽象画もその1つです。

しかし、彼女の弟子の日記が発見され、意外な事実が判明しました。

○月×日（曇り）

今日は先生が木の板を買っていらした。木目が素晴らしく、私は見入っていました。

しかし先生は「これしかなかったから仕方ないわね」と、どうやらそこにあった1枚の板を買ってきたにすぎない様子だった。運命の出会いだ。私はそう感じずにはいられなかった。

そして、先生はその板を床に置いたまま構想を練りながらパレットに様々な色を出していった。すると、パレットは先生の手からするりと落ち、板の上にひっくり返ってしまった。先生はしまったという顔をされ、「ああ、やってしまったわ」と、パレットを拾い上げると、そのまま板を捨てようとなさった。

しかし私は、その色合いが面白いと思い、「作品として完成させられませんか？」と尋ねた。「これ以上手のつけようはないわ。まあ、悪い作品ではなさそうだし、置いておきましょうか」と、残すことになったのだ。

なんということだ。シコウジアの作品だと思われていたこの「幻想思想」という作品は、ただの失敗による副産物だったのだ。これはシコウジアの作品ではなく、到底こんなに高い評価をするに値しない。

この素晴らしい「作品」はなぜ、一気に評価を落とすことになったのでしょうか？

考え方のヒント

おそらく、「幻想思想」という作品タイトルも、シコウジアではなく弟子が考えたものと推測できます。それでも、この作品は長い間、シコウジアによる作品として人々に愛されてきたのです。

この作品が、パレットを落としてしまったことによる作品で、しかも、シコウジア自身はあまり良い評価をしていなかったものとわかったとき、何が失われたのでしょうか。

「芸術の価値1~偽物と本物~」では、違う人が描いたとわかったことで、シコウジーの作品という事実を失いました。作品そのものの価値ではなく、シコウジーが描いたか否かという外的要因が作品の価値を左右したのです。

今回の場合、確かにシコウジアの作品に変わりはないように思えます。失敗とはいえ、彼女の手によってパレットに色が出され、それがうっかり落ちてしまったことで偶然生まれたのです。少なくとも偽物とは言えないような気がします。では、何が作品の価値を左右したのでしょうか。

あなたが美術館に行ったと想像してください。そこに初めて見る絵があります。なかなか素晴らしい風景画で、特に色使いがいいと、芸術にはさほど詳しくなくても何かしらの感情を抱きます。そのとき、「この絵が生まれるまでのストーリー」が解説されていたとしたら、気になるのではないでしょうか。絵には、そのストーリーにも人々の感情を揺さぶる力があります。

その風景画がいつ、どこで描かれたのか？
その風景画を描こうと思った作者の心理は？
その風景画を描いた作者の人生とは？
これらの「作品の背景」が、作品自体の価値を変化させるのです。

シコウジアの「幻想思想」は、これらのストーリーを感じたくても、それが難しい作品となってしまいました。「その絵を描こうと思った作者の心理」は、何もないわけです。同様にして、ある彫刻家の作品が、実は自然が長年かけて石を削り取ってできたものだったとしたら、その作品のストーリーは大部分が失われてしまうでしょう。

もちろん、自然の偉大さに感謝し、不思議な世界を楽しむことはできますが、「彫刻家の作品」としてのストーリーは感じ取れなくなります。作品には、確かに人に訴えかけるその作者にしかないメッセージが必要なのです。

　多くの自由律俳句を詠んだ俳人として有名な種田山頭火《たねださんとうか》は、「分け入つても分け入つても青い山」という名句を残しました。これは、種田山頭火の波乱に満ちた人生や、素晴らしい俳人としての名声や認められたセンスがあってこそ輝きます。

　もし、都会暮らしで山登りや旅の経験もほとんどないような学生が詠んだとしたら、全く違う意味を持つでしょうし、種田山頭火の句ほどの評価は得られないはずです。その道の達人が、達観した視点で詠んだ句であることが、名句として人々の想

「作品の背景」と「作品の価値」

作品を仕上げた「作家の心理」や
「制作のストーリー」が作品の価値を上げる

像をかき立てるのです。

では、もし名もない誰かの作品を、あの種田山頭火がほめたたえたら？　あのショパンや、あのフェルメールがほめたたえたとしたら？　その作品の価値はどう変化するのでしょうか？

次の思考実験で考えてみたいと思います。

【思考実験No.19】

芸術の価値・3～巨匠のお墨付き～

シコウジッテムは巨匠と名高い彫刻家で、世界中にその名をとどろかせていました。

ある日、シコウジッテムは、路上で自らの小さな彫刻作品をいくつか販売していた若い男を見つけます。彼の名前はチヨウコーク。全く売れていないようで、元気がない様子でした。

しかし、巨匠シコウジッテムはその鋭い眼差しで彼の作品を見つめ、「素晴らしい」と評価したのです。シコウジッテムは素晴らしい彫刻家が現れたと周囲に話し、巨匠の評価が一気に広まったことで一躍、路上販売の彫刻家は時の人になりました。

シコウジッテムは彼の作品はどれも価値が高いと褒めちぎったため、価格も急騰し、一瞬にしてチヨウコークは「若手天才彫刻家」の名声を手に入れたのです。

チヨウコークの作品自体に変化が起こったわけではありません。彼の作品は路上に売られていた商品そのものです。それなのに、チヨウコークの作品の価値はなぜ一瞬で急激に上がったのでしょうか。

考え方のヒント

チヨウコークの作品は、路上で販売してもさっぱり売れないものでした。それが、シコウジッテムの評価により一変し、高値で売れるようになったのです。作品自体は同じものですし、「芸術の価値1～偽物と本物～」の「日常の空」のように、作り手が違っていたわけでもありません。チヨウコークの作品は、作り手も、作品そのものも、全く同じなのです。変わったのは、シコウジッテムという巨匠が認めたというたった1人の評価によるものです。

芸術に対する評価は、こういった権威による評価にいとも簡単に流されます。チヨウコークの作品を以前から路上で見ていたにもかかわらず、全く買う気にならなかった人が、シコウジッテムが高く評価したことで自身の評価を変えるのです。

もっとわかりやすい例は、文学賞のような権威ある賞でしょう。全く文学に詳しくなく、普段小説など読みもしない人も、権威ある賞の受賞作品であるという理由で手を伸ばし、作品に触れます。

文学賞は彫刻界のシコウジッテムのような、権威による社会的評価を与えるもので、その作品自体を変えるものではありません。自分にとって良いものかはわからないのです。

では、芸術の素晴らしさとはいったい何なのでしょうか？　誰が決めるものなのでしょうか。難しすぎてわからないから、シコウジッテムや文学賞のような「芸術の価値がわかると考えられる人」の評価を頼りにするのでしょうか？

人は、不確かなものに不安を感じる動物です。たしかに助けを求めている人には手を差し伸べますが、もしかしたら助けは必要ないかもしれないと感じると、助けに入ることを躊躇します。それは、「必要なかったら恥ずかしい」とか、「周囲に合わせておけば問題ない」という気持ちからおこる心理作用です（集合的無知）。

権威からの評価は、「その作品を称賛しても恥ずかしくないですよ」というメッセージであり、「合わせるべき周囲の認知度が向上しましたよ」という社会的評価の基準を設ける役割も果たすのでしょう。

【思考実験No.20】

働く意味と生きる意味

「はぁ……毎日しんどいなぁ。仕事から解放されてみたいわ」

今日もつらい仕事を終えたキョウコは家路を急いでいました。最寄駅から自宅に向かって歩いていると、どこからともなく怪しい雰囲気の老人が現れました。老人は1つのボタンを出し、キョウコに見せました。

「ここに、寿命換金ボタンがあります。こちらを押すと、寿命が10年短くなります。その代わり、あなたは以後働かなくていいですよ」

「どういう意味ですか？」

「働かなくても困らない程度のお金は毎月振り込まれます。まあ、寿命を売るというイメージを持っていただければよろしいかと思いますよ」

キョウコはこのボタンに興味を持ち、理解したいと思いました。

「えっと、このボタンを押したら、仕事から解放されるのですね」

「はい。その通りです」

「押して、仕事をしてもいいのですか？」

「それは自由ですが、仕事をする必要はないでしょう。だって、お金は振り込まれるんですから。思いっきり人生を楽しんだらどうでしょうか？」

「寿命が減るっていうのは、今この時点で10年分、年を取るのですか？　それとも最期の10年が切り取られるのですか？　最期ならいいんだけどなぁ」

「平均的に短くなります。あなたの寿命をぎゅっと10年短縮するということですな」

老人は静かに佇んでいます。

「でも、寿命が何年かわからないわ。もしかしたら10年ないのかもしれない。その場合、押したらその場で死んでしまうのですか？」

「いいえ。死にませんよ。あなたは13年以上寿命のある人です。そういう人にしか私はトレードを持ち掛けません」

「最低でも3年は生きていられるということですね」

「その通りです」

キョウコはボタンを見つめながら、あれこれと想像を膨らませました。

「どうしようかしら……」

さて、あなただったら、この「寿命換金ボタン」を押しますか？

考え方のヒント

インターネットを見ていると、寿命をお金に変えるというアンケートは数多く見かけます。「寿命を売る」と答える人は多く、「何年分売りますか?」という質問には、1年売ると言う人から、30年売ると言う人まで様々です。ボタンを押して寿命を売る人の意見と、ボタンを押さない人の意見をまとめてみました。

●押す派の意見

・働くという辛さからの解放
・細く長くより太く短く
・(後半10年を削ると考えて)老いた10年は要らない
・寿命を売って、再就職して働きたい
・長生きは子供に負担をかける
・子供にお金を残したいから売る
・今の平均寿命から考えて何年かは減ってもいい
・ゆとりがほしいから売る

・過労で寿命が縮まるから、売っても寿命の変化はそれほどない
・今の日本に希望が持てないから売る

●押さない派の意見

・今の仕事がいい
・長生きしたい
・生活のメリハリがほしい
・長くおいしいものを食べたい
・働かないと暇が多すぎる
・(即死亡することがあると考えられる場合)寿命を売って、即死亡したらと考えてしまう
・過剰では困るが仕事というストレスも必要
・寿命を売るのは恐ろしい
・売ったら絶対に後悔するから売らない

あなたの意見はありましたか？　これらのアンケートでは「寿命を売る」が、人生の最期から数えて何年と数えるのか、今すぐ老いるのかは答える側の解釈に委ねられているため、どう

考えるかで変わってくるかもしれませんが、寿命を売りたいと考える人は多くいることがわかりました。

仕事に大きなストレスを感じている場合、そのストレスによって体へのダメージが蓄積され、病気になることを考えれば、「売っても寿命の変化はそれほどない」どころか、寿命は延びるかもしれません。

・平均寿命は80～90年である（ただし、健康寿命はもっと短い）
・人生の後半は体の自由が利かなくなって辛い

このような高齢者へのイメージを自分の老後に当てはめ、そこから何年かを削ることを考えれば、お金をもらえるほうが充実した人生になると判断した人も多かったように感じました。

物語のキョウコの場合、10年は人生の最後ではなく、全体を短縮して削ります。人より早く年を取るということです。それでも押すと答える人は少なくないでしょう。

特に日本人はマイナスのリスクを大きく捉え、それを避けるために備えることを好みます。毎日生命保険のCMが流れていますし、1万円得するより、1万円損するほうを重く感じる人が多いのも特徴です。じゃんけんで勝てば1万円もらえるけれど、負けたら1万円払うゲームがあったとしたら、きっと参加したいとは思わない人が圧倒的に多いでしょう。長生きをリスクと捉えるなら、寿命を売るという選択はメリットも多いと感じられます。

一方で、寿命を売って仕事を辞めた場合を考えてみましょう。「どんな仕事をしている人か」はその人を形作る大きな要素であることは疑う余地もありません。人はそれだけ多くの時間を仕事に費やし、生きる意味をそこに見出している人も多いはずです。

退職後、生きがいを見つけられず、暇を持て余す人は数え切れず、ぱったりと人と会う機会を失い、こもりがちになる人も多いのが現状です。そして、そのメリハリのない生活が寿命を縮めてしまうのも事実です。こう考えると、寿命を売り、せっかく仕事を辞めたのに、それがストレスとなり、さらに寿命が短くなることもあり得る話です。

仕事は、社会とのつながりを作り、自分を社会の一員であると感じさせてくれますから、そこから身を引くことの不安を感じるはずです。

ボタンを押さないと答える人も、現在を楽しんでいる人ばかりではありません。「親より先に逝けない」とか、「寿命が縮まったことで孫を見られないかもしれない」といった、家族との関係に責任感や希望をもって長く生きていたいと感じる人や、「生きていることにこそ意味がある」、「死んでしまったら何にもならない」といった、生命に対する感謝や生きている大切さを感じる人もいるでしょう。

先述の理由から、社会とのつながりのために仕事を選び、「どうせ仕事を続けるなら、ボタンを押す必要もない」と、ボタンを押さない決断に繋がるケースも多いと考えられます。

●自分の将来と寿命を知らないから売ることを選択できる

寿命を売るとしたら、重要なのは余命でしょう。あと15年なのか、あと50年なのか、それによって選択は大きく変わるはずです。自分の寿命があと15年とわかったうえで押す人は稀でしょう。

しかし、寿命を売るかどうかを選択するときには、あとどのくらい生きられるのかわからないまま選ぶことになります。押すと答える人の多くは、自分の寿命がわからないからこそ、自分の寿命が平均くらいはあるだろうという楽観的な視点から押すと考えられます。

ただ、実際に押す段階になったら、躊躇する人も多いのではないでしょうか。

さて、あなたは寿命換金ボタンを押しますか?

【思考実験No.21】

洞窟の比喩

洞窟の奥に囚人たちが手足と首を縛られ存在しています。彼らは生まれてからずっとこの状態で、外を見たこともありません。囚人たちは洞窟の奥を向いた状態で、壁を見ています。ですから、洞窟の外を見ることもできません。

洞窟の入り口には炎があり、その光で洞窟全体が照らされています。囚人たちと炎の間には道があり、その道に沿って低い壁があります。ちょうどしゃがめば人が隠れるくらいの高さです。

さて、囚人たちから見て低い壁の向こう側に人がしゃがんでいます。その人は、犬をかたどった紙を壁の高さより上に出しました。炎に照らされて、囚人たちの目の前の壁に影が映ります。同時に用意してあった本物の犬の鳴き声を響かせます。音は洞窟内に反響し、一番奥、つまり囚人たちの目の前の壁から聞こえているように感じます。

他にも猫や人間や鳥や、いろんなものをかたどった様々な紙や板を見せます。すると、囚人たちはこの影こそが本物の犬であり猫であると感じるはずです。

囚人たちにとっては目の前にある影絵の世界が世界のすべてです。壁から掲げられた犬や鳥や人の形の影や、道を行き交う人々の影を見ながら、彼らが何を考えているかを思い浮かべるでしょう。「本当は実体があって、自分たちが見ているのはその影なのでは?」なんて想像することもありません。

ある日、囚人たちの中の1人が突然洞窟の外に引っ張り出されます。その囚人は抵抗しますが、やがて外に出てしまいます。囚人は洞窟に慣れきっていますから、太陽の光に照らされた世界は眩しすぎて

何も見えません。囚人は苦しみました。しかし、徐々にその光に慣れると、本当の世界を知ります。そして、今も洞窟の中にいる囚人を哀れみ、今度は彼らを外に出そうとします。

「お前たち、朗報だ！　洞窟の外には素晴らしい世界が広がっているのだ。さあ、外に出ようじゃないか」

洞窟に戻った囚人は、洞窟内にいる囚人たちに外に出ることを提案しますが、囚人たちの反応は想像とは違うものでした。

「ははは、どうしたんだ？　気がどうかしてしまったのか？　『素晴らしい世界が広がっている』って、夢でも見ているんじゃないのか？」

「もしかしたらこいつ、俺たちを騙そうとしているんじゃないのか？」

「そうかもしれないな。気が狂ったとしか思えない」

この話からわかるように、私たちはイデア（本質）を知らないのです。そして、真実がそこにあると伝えられても、目の前の世界こそがすべてだという先入観から抜け出せないのです。

本当にそうでしょうか？　私たちは囚人なのでしょうか。

考え方のヒント

洞窟の比喩は、哲学者プラトン（紀元前5～4世紀頃）が、イデア論を説明するための比喩として考えた話です（『国家』7巻）。

洞窟の中にいる囚人は私たち人間を表し、私たちが見ているのは炎によってもたらされた影絵の世界にすぎないとしました。そして、彼の師であるソクラテスのような賢者が洞窟の外に出ることに成功し、私たちを引っ張り出そうとします。しかし、ソクラテスはそのさなかに処刑されます。それほどこの洞窟から外に出るのには強い抵抗があり、イデアの存在に気づかせようとする賢者は自分たちを苦しめる存在であったということでしょう。

洞窟の比喩は、現代社会の至る所で感じられる比喩としても有名です。学校を例に見ると、「モンスターペアレント」とか、「いじめやいじめによる自殺」とか、「受験戦争」とか、学校特有の問題が多々あります。学校の中にいる人にとっては学校での日々が当たり前の生活であり、「いじめ」は身近な問題であっても、すでに卒業して会社勤めをしている人から見ると、なんと閉鎖的な、特殊な社会を形成しているのだろうと感じるでしょう。いじめによる自殺に対し、大人たちはよく「転校してほしかった」とか、「学校から逃げて」などと言います。しかし、当の本人にとっては、外の世界を見る余裕などなく、ただ、今の学校という洞窟の中で戦うことしか考えられません。洞窟から外に出ればなんてこともないことでも、本人にとっては今いる洞窟の中がすべてで、そこから引っ張り出すのは容易ではないのです。

映画やアニメの主人公はよく、当たり前の日常から一歩外に出て、「冒険」を始めます。周りの人々は、そんな勇敢な若者の勇気を称えますが、「それならば私も」とはなりません。人は現状を続けるほうが楽ですし、危険な目にも遭わず安全に暮らしていられますから、いつまでも洞窟の中にいてしまうものです。しかし、心では主人公の冒険のような挑戦にあこがれを抱きます。海外での献身的な活動など、類まれな経験をした人の話を高い関心を持って聞きますが、「次は自分だ！」と飛び立つ人もまた類まれな人なのでしょう。

日常生活にも洞窟に映る影は私たちに多くの影響を与えています。日々のメディアから流れる情報は、伝える側の色が付けられ、それを私たちが見ています。洞窟の囚人と違い、私たちは疑うことができている、とも考えられますが、疑う段階にとどまっていたり、時にとんでもない情報を信じてしまったりと、なかなか真実にはたどり着けていないでしょう。それでも毎日、与えられる影絵の世界に興味津々です。いかに疑うことが大切か、考えさせられますね。

【思考実験No.22】

職業と人間の価値

核爆発により世界が滅亡する運命をたどり、絶望的な状況になりました。このまま外にいては死んでしまうのは確実です。そこにいる21人の生き残りは、奇跡を信じ、シェルターの中で生き延びようと決意します。

しかし、ここで残酷な現実が21人に突き付けられます。シェルターの中に入れるのは10人。誰が生き残るのか、ここで決めなければならないのです。21人の職業は次の通りです。

A：有機栽培農家
B：構造技術者
C：不動産業者
D：大工
E：オペラ歌手

F：投資信託業者
G：ハープ奏者
H：宇宙飛行士
I：化学博士
J：電気技術者
K：ワインの競売人
L：整形外科医
M：家事労働者
N：デザイナー
O：ジェラート店主
P：動物学者
Q：心理療法士
R：兵士
S：アメリカ上院議員
T：詩人
U：大学の先生

もし、あなたがその10人を決められるとしたら、どの10人をシェルターに入れますか？　なお、あなたはその場にいる21人ではありません。彼らの中から10人を決定できる存在であるとして考えてみてください。

考え方のヒント

この問いは、映画「ラスト・ワールド」の中で哲学の課題として出された思考実験です。映画ですから、純粋な思考実験としてストーリーが展開していくわけではありませんが、「思考実験」として映画に問題が登場するのは珍しいので、ここでご紹介しました。

今回の思考実験は、映画の中で20人の生徒が卒業間近に受けた哲学の授業での思考実験です。Uの大学の先生は、この授業を行った先生で、先生のみ実際の職業での参加ということになりますね。

何人かが選んだ結果、人気があるのはA有機栽培農家、B構造技術者、D大工、H宇宙飛行士、I化学博士、J電気技術者、L整形外科医、Q心理療法士、R兵士です。有機栽培農家は農業の知識が生きるために役に立つからでしょう。構造技術者と大工、電気技術者は住む場所を作ったり、生活するうえで必要なアイテムを作り出したり修理したりする知識を期待されています。宇宙飛行士や兵士は身体能力の高さと生きるための専門的な知識や技能を、化学博士や整形外科医、心理療法士は人体に関する知識や治療術などが得られるでしょう。

実際の映画でも、A有機栽培農家、B構造技術者、D大工、I化学博士、J電気技術者、L整形外科医、Q心理療法士、R兵士は選出され、残る2つは、アメリカ上院議員と先生でした。生徒20人が議論して決める中で、この思考実験のカギを握っていそうな「先生」を外すことはできなかったようです。実はこの先生が曲者で、先生は好意を寄せる秀才のヒロイン（B構造技術者）が、クラスの落ちこぼれ（A有機栽培農家）と恋仲であることが許せず、それを「論理的に」わからせようとして思考実験を提案し、さらに自分の思い通りに動かそうとかく乱します。自分だけがシェルターを脱出するパスワードを持っているとするなど、自分は選ばれるように仕向け、A有機栽培農家には不利な条件を付け加えるなどのことをしていたようです。

一方で、Eオペラ歌手、Gハープ奏者、T詩人などは、生きていく上では不要と思われ、選ばれません。これらの職業は、生きるための作業が一段落し、人々の欲求が次の段階に進んでから求められるもので、思考実験の段階では、心の豊かさや娯楽を求める暇はないという判断になるのでしょう。

さて、「シェルターに入れる10人を選ぶという、人の運命を決定する選択なのに、職業だけで選ぶのか」と思った方もいるでしょう。思考実験として、職業のみがそこにあり、選んでと言われたから選んだけれど、ここまで極限の状態なら、結局職業は関係ないのではないかとも考えられます。少なくとも今後の繁栄まで考えるなら職業よりも性別と年齢であり、体力と健康状態を含めて選択したほうが賢いでしょう。

それを思わせるように、映画「ラスト・ワールド」では、3回目の同様の思考実験で「今までの2回にあまり選んでこなかった人」を中心に据えながら、職業をあまり考えない選び方をして、見事、生き抜くことに成功しています。1回目と2回目が先生の妨害で失敗しただけと言えばそれまでですが、職業と人の価値をリンクさせない選び方を、この物語では正解とすることで、映画にメッセージ性を持たせたかったのかもしれません。

●人と職業の価値

働くのは「お金を稼ぐために適した手段」であり、この社会はお金がなければ生活ができないのですから、「仕事をするということ」は生活をするための最も選びやすい選択肢の1つと考えられます。それがゆえに、毎日睡眠をとるように、食事をするように、仕事があるということは多くの人にとって当たり前の日常になっているでしょう。

そして、仕事には必ず「職業」という属性が付いて回ります。毎日8時間「職業の付いた自分」でいるわけです。これは、睡眠時間を超える長さです。それほどの長い時間を費やしているのですから、その人の性格にも影響しますし、生き方にも影響するでしょう。ですから、職業が人の価値を決める物差しの1つになるのは仕方のないことです。ただ、価値というのは時と場合で刻々と変化します。

価値とは、「役に立つか」「望ましいものか」の程度であり、客観的価値と主観的価値に分かれるという、どの視点から見るかで180度変化する基準です。

Aさんには「役に立つ」ものであっても、Bさんにとっては「全く望ましくない」ものかもしれません。客観的に見ればタダでも欲しくないと思えるようなものでも、主観的には絶対に手放せないほど大切な物だって山ほどあるでしょう。

価値は絶対的なものではなく、角度によって全く変わってくる要素です。これは、発想の転換によって新たな価値を創造するように、新たな商品やサービスとしてしばしば私たちの前に現れ、私たちを驚かせてくれます。

さて、映画「ラスト・ワールド」の先生は、AだからBなのだという論理的な流れを見せたかったはずなのに、うまくいかなかったため、Bを証明するためのAづくりという感情的なやり方で事実をねじ曲げようと試みました。固まった思考を曲げずに「これが論理的なのだ」と思考を押し付け、無理やり話を進めていこうとして、結果的に柔軟な発想と視野の広さを持つことを忘れてしまったのです。全く論理的ではありませんね。

少なくとも、この先生のように、職業を「客観的かつ論理的に考えて、人の総合的な価値を定める要素」として使おうとしてもうまくいかないことは確かなようです。

【思考実験No.23】

時限爆弾と拷問

警察は、この街のどこかに時限爆弾を仕掛けたテロリストグループに属する犯人の男を捕まえました。警察は時限爆弾を仕掛けた場所を聞きますが、男は一切それに答えません。この事件を担当する橋本は苦渋の決断で男を拷問にかけ、情報を聞き出すことを指示しました。

これまででわかっている情報によると、仕掛けられた時限爆弾は24時間以内に爆発し、多数の市民が犠牲になるであろうということです。その場所さえ判明すれば、すぐにでも爆弾処理班を現地に向かわせることができます。「場所を知ることができれば……」という橋本の思いも虚しく時間だけが過ぎていきます。

橋本は悩んでいました。自らの指示で男に拷問による苦痛を与えたにもかかわらず、男は一向に口を割らないのです。この男は、この先、死ぬほどの苦痛を与えられても絶対に口を割ら

ないことは明白でした。

「このままでは、何の罪もない市民が大勢犠牲になってしまう……」

警察は参考のため、男の一人娘を呼んでいました。娘は男にとても愛されており、もし、娘に拷問を加えれば、そう時間はかからずに男は時限爆弾の場所を白状するのではないかと警察は考えていました。

男の娘に拷問を加えるべきでしょうか？

あなたが橋本だったら、男の娘への拷問を指示するでしょうか。ただし、拷問を行うことによって、あなたが罪に問われることはないとします。

考え方のヒント

●拷問はやむを得ないか

多数の市民が犠牲になることは何としても避けなければなりません。それが最も重要です。もし、犯人の娘に拷問を加えることで、市民の犠牲が防げるのであれば、選択肢は決まっているように思えます。

しかし、拷問は世界的に禁止されており、拷問自体は悪しきことと考えられています。それなのに、拷問を行うという選択は本当に正しいのでしょうか。

●拷問は行うべきではない

「いかなる時でも、拷問はするべきではない」というのは、多くの人の共通認識でしょう。だからこそ、拷問は世界的に禁止されています。

しかし、今回の事件で、男に拷問を加えた橋本の判断を否定するのはなかなか難しいのではないでしょうか。とはいえ、男への拷問により、情報を聞き出せていない以上、拷問が正しかったと結論づけられないのもまた事実です。拷問は、失敗すれば単なる恐ろしい暴力です。

では、拷問を加える対象が男の娘だったらどうでしょうか。これなら男は耐えられないはずです。きっと自白する、そう考えられています。「娘の苦痛」よりも、「時限爆弾で失われる命」のほうがずっと重いのですから、迷う必要はない……と、そこで思考を止めて構わないのでしょうか？

もし、物語の橋本が「拷問は世界で禁止されている。事件と直接関係のない無実の娘に拷問を加えるなどできるはずがない」と拷問をしない選択をしたとしたら、どう思いますか？

「何の罪もない男の娘が辛い目に遭わずにすんでよかった」とか、「橋本は正しい判断をした。拷問は悪だ」となるでしょうか。

どちらを優先すべきなのか？

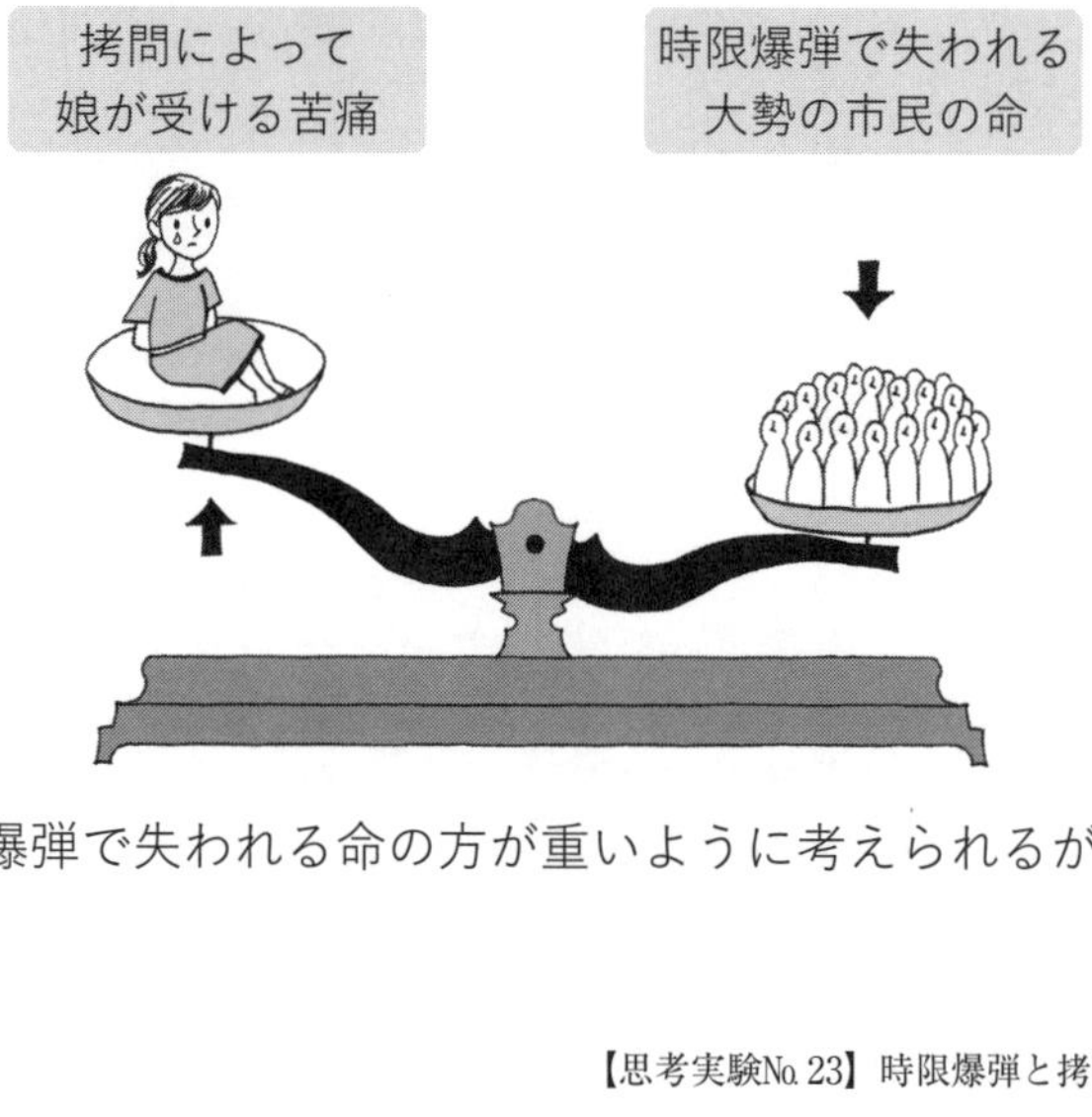

時限爆弾で失われる命の方が重いように考えられるが…？

そんな声よりも、「市民の犠牲はどうするのか！」とか、「こんなときに警察は何をやっているのか」という危機感のほうが勝るはずです。それでも、外からの責任を持つ必要のない人々による意見は、「娘に拷問をしろ！」ではなく、「市民の犠牲を防げ！」であり、彼らの多くは拷問肯定派というわけでもないでしょう。

この状況でも、橋本が拷問を選ばなかったとしたら、それは橋本の良心が故でしょうか？　顔も知らない1000人よりも、今、目の前にいる娘1人のほうをかばいたくなるのは人の感情かもしれません。しかし、現実に多くの市民を巻き添えにする爆弾が仕掛けられているのであれば、もっと冷静に論理的に判断すべきでしょう。もしかしたら橋本は、自分が正しい人でありたい、「社会的に見て悪い人」になりたくないという欲求に従っているのかもしれません。または、難しい判断を前に法律という便利な道具に頼ることで、「これは仕方のないことなのだ」と自分を説得してしまったのかもしれません。

●では、拷問は正しいのか？

しかし、なぜ、拷問は「悪」とみなされているのでしょうか？　もし、「拷問もやむを得ない状況であると判断された場合にのみ行う」とされていれば、橋本も「これは必要と判断できる事態だ」と判断したでしょう。

なぜ、拷問は禁止されたのでしょうか？　昔と今とでは犯罪の種類も変わり、そもそも拷問が必要である場面が少なかった、これほど大勢の犠牲がでる可能性を考えるような場面に遭遇する事件がなかった、というのも理由の1つと考えられます。しかし、拷問にはもっと根本的な禁止となった理由があります。

●拷問が禁止である理由

拷問は現在、世界で禁止されています。「拷問等禁止条約（拷問及び他の残虐な、非人道的な又は品位を傷つける取り扱い又は、刑罰に関する条約）」は拷問などの人を傷つける扱いを禁止したもので、1987年に発効され、日本は1999年に加入しています。

その大きな理由の1つは、拷問が正しい情報を引き出すためにとても有効である、という考えが揺らいだことにあります。

拷問を受ける側は、苦し紛れに、拷問を行う側にとって都合の良い情報をねつ造して話す可能性があります。たとえば、単独犯なのに共犯の名前を言えと迫られ、苦しさから解放されるために適当な名前を言い、その名前に該当する無実の人が拷問にあったという事件も発生しました。これらのことから、拷問は有効な情報を引き出す手段として優れた方法ではないと考えられるようになったのです。

物語の娘に拷問を加えても、男は娘を救いたい一心で、嘘の場所を白状する可能性は否定できません。もし、嘘の情報によって時間が費やされ、結局時限爆弾が爆発したとしたら、何の罪もない娘への拷問は、ただ娘を傷つけただけの行為に終わってしまいます。それによって得られるものがないばかりか、嘘の情報によって見当違いの場所を捜索することに力がそそがれ、自力で見つけ出せた可能性まで失ってしまっては元も子もありません。

こうなれば、犯人への拷問＋娘への拷問＋多数の市民の犠牲という、最も大きな苦しみを生み出す結果となってしまいます。

あなたが橋本なら、男の娘への拷問を指示しますか？

【思考実験No.24】

無意味な労働

近藤は、今の会社に転職して3か月になります。

最初の1か月は、A地点からB地点に大量の石を運ぶ作業をしました。次の1か月は、B地点からC地点に、次の1か月はC地点から再びA地点に大量の石を運びました。ただ、近藤は最初のA地点のことをそれほどちゃんと覚えてはおらず、C地点からA地点に石を運ぶ際、似たような違う場所だと思って運んだようです。

近藤は、この作業がいったい何のために行われるのか知りません。理由を聞かないことが入社の条件であり、給料や休暇に不満がなかったことから、この会社に勤め始めたのです。

実際、近藤が行っている作業は全く意味がないものです。石は何に使うものとも決まっておらず、移動させる必要もなく、ずっとA地点にあっても、移動させても、何ら問題はありません。

近藤は今の仕事に不満を持っている様子はありません。そして、家族を養うためにも、仕事を辞めたくはないはずだとあなたは知っています。

さて、近藤にこの事実を教えるべきでしょうか？

考え方のヒント

会社勤めをしているAさんは、その会社はきっと社会で何らかの役割を担っていて、その役割のために働いているでしょう。そして、それをAさんも知っているはずです。

学生のBさんであれば、何かを学ぶという目的を持って学校に通っているはずです。そして、学生生活で学んだことは、将来どこかで活かされると漠然とでも想像しています。

主婦であるCさんが毎日家事を頑張れるのは、それが家族の生活を支えていることを知っているからです。

家事やボランティア活動のように、人は対価を得る目的でなくても働くことができます。それは、働く意味を見出せるからです。

これが、物語の近藤のように、何の意味もないものであったら、人はどう思うのでしょうか?

●「無意味な労働」は刑罰

社会主義思想のサークルを主宰したミハイル・ペトラシェフスキーとサークルのメンバーは1849年に警察に逮捕され、銃殺刑が決定します。しかし、死刑の直前に恩赦となり、シベリアに送られることになりました。そのサークルのメンバー21人の中には小説『死の家の記録』を書いたドストエフスキーも含まれていました。

『死の家の記録』は、実質、このときの4年間にわたるシベリアでの強制労働の記録であり、その著書の中でドストエフスキーは次のように語っています。

「最も残酷な刑罰は、徹底的に無益で無意味な労働をさせることだ」

もし、強制労働の内容が建物を作ることであれば、日に日に建物が出来上がっていく様子を感じながら、自分が何をしているのかも知りながら、一定の目標を積み上げながら作業ができます。辛い強制労働であっても、心のよりどころをそこに感じながらなんとか歩を進めていくことができるのでしょう。旧日本兵がシベリアでの強制労働によって仕上げたナヴォイ劇場は、高い完成度を誇るものでした。

ドストエフスキーが言う、「徹底的に無益で無意味な労働」とはどんなものでしょうか。

たとえば、午前中に穴を掘り、午後にその穴を埋めるという作業を続けさせられたら、人は精神を病んでしまうでしょう。120万人とも150万人ともいわれる犠牲者を出したナチス・ドイツのアウシュヴィッツ強制収容所でも、同様の作業が1日10時間以上もかけて行われたといわれています。

人は今やっていることの「意味」を見出せるから、頑張れるのです。誰も見ていないところで、砂浜に決められた言葉を書き続け、満潮とともにその文字が流されるとしたら、「私は何のためにここにいるのだろう?」という疑問が押し寄せるでしょう。きっと、満足な日給をもらえたとしても、ひと月を待たずしてそこから逃げ出したくなるのではないかと想像できます。

●シーシュポスの岩

ギリシャ神話に登場するシーシュポスは、神々を欺いた罪でゼウスより厳罰を受けます。その内容は、巨大な岩を山の頂上まで運び届けるということです。シーシュポスは言われるとおりに岩を運んできましたが、山頂までくると、岩は転がり落ちてしまいます。岩の重量では、山の頂上で止まることは不可能で、シーシュポスの苦行は永遠に繰り返されることになるのです。このことから、「徒労（無駄な苦労）」を意味する話として使われます。

ゼウスはなぜ、徒労をシーシュポスに命じたのでしょうか。何の生産性もなく、何の達成感もなく、何の意味もないという精神的な苦痛が最も苦しいと考えたのではないでしょうか。神を欺くのはそれほどに重い罪なのだと、この神話の作者は示したかったのかもしれません。それほどに「無意味な労働」は人にとって苦痛ということでしょう。

●賽《さい》の河原

日本にも徒労を意味するお話があります。賽の河原は親に先立った子供が三途の川を渡れずに行く場所で、そこで親に先立つという親不孝をした子供たちが、その罪を償うべく石を積み上げるのです。しかし、もう少しで目的である塔が完成するというところで、鬼がやってきて積んだ石を崩してしまいます。その作業が永遠に繰り返されるのです。

ここでも、親不孝の罰のように徒労を繰り返す姿が描かれています。「無意味な労働」が作り出すダメージの大きさは、その姿を想像するだけでも十分に伝わるほどであるため、これらのお話が出来上がったのでしょう。

今回のケースでは近藤本人が、それが無意味な労働であると知らないことがポイントです。もし近藤が「自分は無意味な労働をしている」と知ってしまえば、それは近藤に苦痛を与えてしまうことになります。近藤が今まで満足していた環境を壊してしまうことにもなります。もし、あなたが近藤の立場だったとしたら、「無意味な労働」であると教えてもらいたいですか？　その観点から考えてみることで、あなたの仕事ややりがいというものに対する考え方が見えてくるでしょう。

【思考実験No.25】

ビュリダンのロバ

1匹のロバが道の上にいます。ロバの前方で、道は2つに分かれており、それぞれの道には同じ量の干草が置かれています。干草までの距離も同じで、ロバから見ると2つの干草の束は全く同じものに見えます。

ロバはお腹が空いており、干草を食べようとしましたが、どちらの干草を食べようか悩んでしまいました。なにせ全く同じなのです。少しでも違いがあれば、より良いほうを選ぶのですが、全く同じであるため選ぶことができません。

結局、ロバはどちらか一方に決めることができず、その場で餓死してしまいました。

なぜ、ロバは餓死してしまったのでしょうか？

これは思考実験ですから、ロバが餓死するわけはないとか、両方とも食べてしまうに決まっているという現実的な正解は求めません。物語でロバが餓死してしまった理由について考えてみてください。

考え方のヒント

この思考実験は、フランスの哲学者、ジャン・ビュリダンが、自らの主張の中で用いた思考実験です。理論ばかりにがんじがらめになっていると、何も決められない。つまり、自由意志が必要であるという理論です。

さて、あなたがケーキ屋に行き、1つだけケーキを買うとしましょう。所持金を考えても、2つ買うことはできません。チョコレートケーキとショートケーキが全く同じくらいに魅力的だったとしたら、どうやってケーキを選びますか？　見た目、想像上の味、価格、ボリュームなどを比較して、どちらかを適当に買おうと思っても、どうしても選べないくらい2つのケーキの魅力に差がないのです。このとき、まず考えられる選択肢は次の3つです。

A：ショートケーキを選択する
B：チョコレートケーキを選択する
C：どちらも選択しない

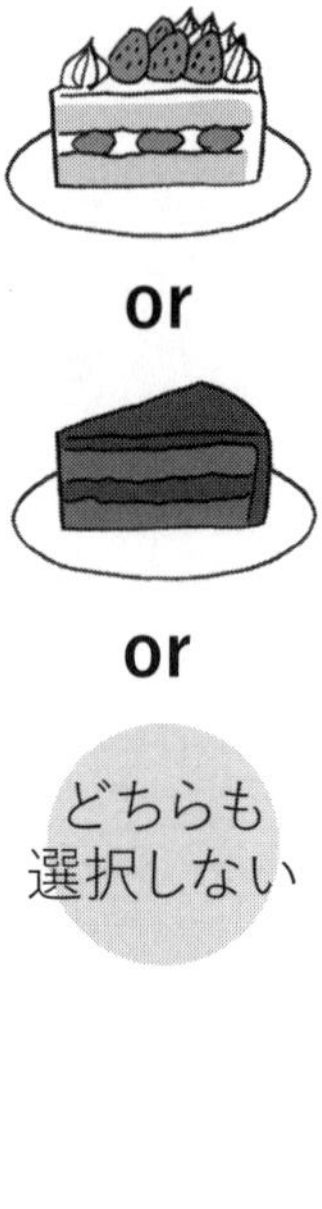

AとBは、どちらにも全く差がないので、選べません。消去法で選ぶことができるのは、Cの「どちらも選択しない」となります。ビュリダンのロバの餓死にあたる選択肢です。この場合は結局店から出ることになります。

では、もし、店を出るという選択肢がなかったらどうでしょうか。どうしてもケーキが1つ必要と考えてみます。

A：ショートケーキを選択する
B：チョコレートケーキを選択する
C：どちらも選択しない

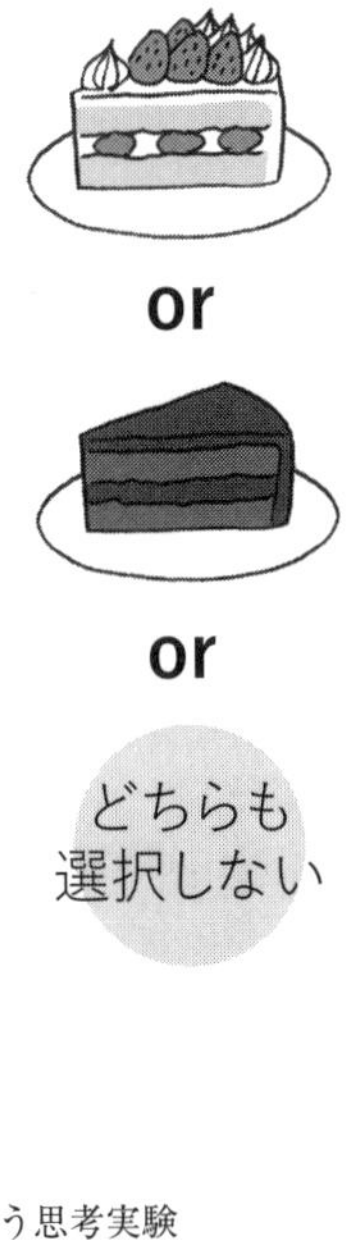

2つのケーキの魅力は全く同じで、どちらかを選ぼうとしても全く決められません。でも、ケーキが1つどうしても必要で、どちらかを買わなければなりません。あなただったらどうしますか？

魅力が同じなら絶対に選べませんから、閉店までそこに立ち続け、結局閉店を告げられてしまう……とはなりませんね。確かにビュリダンのロバなら閉店まで立ち続けるでしょう。

しかし、私たちは全く魅力が同じケーキであっても、どちらか一方を選択することができます。なぜなら、選べないほど魅力が同じである2つの物から一方を選択する方法をいくつも知っているからです。

【全く魅力が同じ2つのものから一方を選択する方法】

・サイコロを振って、奇数ならショートケーキ、偶数ならチョコレートケーキとする
・あみだくじで決める
・店員に人気を聞き、高いほうにする
・店員に決めてもらう
・何人かのお客を見て、先に売れたほうに決める
・見た目、想像上の味、価格、ボリュームの中で、自分が最も重視するものを選び、その基準だけで選択する
・ショーケースを見て、少なくなっているほうを選択する

もし、ケーキが1つ必要という条件だけであれば、「あえて3番目に魅力的だったチーズケーキを選ぶ」とか、「お店の一番人気にする」なんていう方法も選択肢に入れられそうです。

こうやって、私たちは全く価値が同じ、魅力が同じものからでも、どちらか一方を選ぶことができます。

●ロバはなぜ選べなかったのだろう？

ロバは、全く同じ距離に、全く同じ質の、全く同じ量の2つの干草を見つけ、どちらも選ぶことができずに餓死しました。ジャン・ビュリダンによると、物語のロバは人と違い、論理的に決められなくても自由に決めるという能力がなかったからです。

そもそも、なぜ選択にはこのように迷いが生じるのでしょうか？　もっと人生の重要な場面を想像してみましょう。

就職活動中に、すでに内定をもらっている第2希望のA社と、内定が得られる確率が30％の第1希望のB社があるとします。A社には、1週間以内に返事を出さなければなりません。このとき、多くの人がA社に入社するかどうか、悩んでしまうでしょう。

ここで天秤にかけられるのは、『A社の魅力＋入社できるという確実性』と、『B社の魅力＋入社できる可能性30％』です。こうすると、ちょうど釣り合ってしまい、ビュリダンのロバのように立ちすくんでしまうのです。

日々私たちに降りかかる選択は、複雑な要素が絡み合い、難しくなることが多いです。この場合、最も恐れるべきは「A社への入社を辞退して、B社の採用試験で落ちてしまう」ことですが、一方で、「A社に入社して、B社に挑戦しなかったことを後悔する」可能性も高いのです。どちらを選んでも、悔いが残る可能性が高く、心に大きな痛みを負ってしまうと想像できるとき、人はどうするのでしょうか。

たとえば、もしそんなときに、以前から少しだけ興味を持っていた海外留学の話が舞い込んできたら、留学という選択をとってしまう人もいるのではないかと思います。

ケーキよりも重い、人生の岐路という重要な選択肢にあてはめて考えてみました。選べない理由が見えてきたでしょうか。

ビュリダンのロバの場合も、右の干草を食べれば左の干草は食べられないし、左の干草を食べれば右の干草は食べられないのです。ロバは、選択の痛みに耐えられず、選ばないという楽な道を選択しました。

スーパーマーケットなどで、「AとB、どちらにしようかな？　……。うーん。まぁ、今回はいいか」と棚に戻した経験はあるでしょう。決めるより、決めずに買わないほうが楽なので、選択をあきらめるのです。「選ばない」というのは脳にとってエネルギーを節約できるとても選びやすい選択肢ですから、私たちはしばしばこの選択肢に逃げてしまいます。

ロバの場合、それが餓死という極端な結果に終わりましたが、選択から逃げても、結局それ以上の痛みを伴うものだという例なのでしょう。

就職活動の例も、留学を選ぶことで就職をいったん保留にするという、そのときに楽な選択をしました。人は言い訳を見つけ、それを信じることが得意な生き物ですから、「自分の人生に留学は必要だった」とか「これは運命だ。神様が与えてくれたチャンスなんだ」とか、「これで自分の価値を上げれば、素晴らしい会社に就職できるのだ」とか、留学の選択が正しかったと信じ込むことができるものですし、実際にそれを活かすことはできるはずです。

ただ、決断から逃げたという後ろめたさは、しばらく引きずるかもしれません。

物語のロバのように、選択から逃げることが正しかったという理由を見つけられないくらいに、悪い結果を招くこともあるものです。普段から、小さな決断から逃げない癖を身につけておくことは脳にとって良いことです。これらの、「考えて決める」という思考のトレーニングが、いざというときに発想を活かす決断にも繋がっていくでしょう。

【思考実験No.26】

ケインズの美人投票

マモルは「美人投票で賞金が得られる」というイベント会場にいました。

「賞金って、普通、グランプリになる人、つまりは投票される側がもらうよなぁ？　投票する人が賞金をもらうって、どういうシステムなんだろう？　そろそろ始まるみたいだ」

司会者がマイクを片手に説明を開始しました。

「皆様、お集まりいただきありがとうございます。ここに100人の女性の写真があります。ここから美人だと思う6人を選んでください。選びましたら、お手元の紙に番号を記入の上、投票箱に入れてください。

最も票が平均的、つまりは〝多くの人が投票した美人たちに自分も投票していた〟という方には賞金を差し上げます！」

マモルは、理解するために少し時間が必要でした。

「これって、ボクが美人だと思う人に投票するコンテストじゃないのかな……？　応援したい人に入れたかったけどなあ？　でもそうすると、他の人の意見に合わなくなっちゃう。平均的ということは、みんなが一番選びそうな人たちを選ぶっていうことだから、人気者ばかりを選ばないといけない」

さて、マモルが賞金を得るためには、どんな人に投票することになるのでしょうか？

考え方のヒント

マモルは、自分の好みで投票しても賞金は狙えないことを理解したようです。

たとえば、マモルが「Aさんは一般受けする美人だ。Bさんは好みが分かれる美人。Cさんは自分からみると美人だと思うけれど、一般的には人気がなさそう」と思ったなら、自分が美人だと思うCさんより、好みが分かれるBさんより、Aさんに票を入れるべきでしょう。

そのほうが平均的な票の入れ方、つまりはみんなに一番よく似た票の入れ方に近づくからです。

そこでマモルは、自分が美人と思う人ではなく、「みんなから見て美人だと思う人」に投票する必要があると思い立ったのです。さて、この考えは正しいでしょうか？

この思考実験は、ジョン・メイナード・ケインズというイギリスの経済学者によって作られたたとえ話です。株式投資は皆が良いと思う株を先回りして購入するという、心理的な側面をふまえる必要があるという考えを「株式投資は美人投票のようなものだ」とたとえたと言われています。しかし、ケインズ自身は割安と感じられる株を購入して長期保有する方法を採っていたことから、株式投資が美人投票と言えるかはケインズ本人も示せていないのかもしれません。

話を美人投票会場のマモルに戻しましょう。

マモルは、「みんなから見て美人だと思う人」を探し始め、その視点で投票する6人を決めたとします。これなら「マモルから見て美しいと思う人」に投票するよりは賞金獲得の可能性は上がりそうです。

しかし、マモルには1つ、意識しなければならない視点が欠けています。それは何でしょうか。

マモルは「みんなから見て美人だと思う人」に投票しなければならないと考えました。これは、会場にいるみんなが考えていることです。

つまり、投票するべきは、「みんなから見て美人だと思う人」ではなく、「みんな

ケインズの美人投票

自分の好みではなく、「皆に人気がありそうな人」を選ぶ

が、『みんなから見て美人だと思う人は誰だろう?』と考えた末に、投票しそうな人」です。これはなかなか予想が難しいですね。

相手の気持ちを考えることができるという人の能力は、このように、頻繁に問題をややこしくします。ケインズの美人投票は、株式投資をたとえた思考実験ですが、「美人だと思う人に投票する」という単純な人気投票ゲームから、相手の気持ちを考える難しさを想像できる思考実験として、深く考えることもできます。

この人気投票に近いことが行われているのが選挙ではないでしょうか。あなたが投票できる選挙で、次の3人の候補者

誰に投票するべきか?

「みんなが美人と思う人」ではなく、
「みんなが美人と思う人を考えた末に投票しそうな人」を選ぶ

がいたとします。

・当選確率が最も高いが自分は当選してほしくないと思っているAさん
・Aさんの対抗馬として当選の可能性が十分にあるが、特に応援もしていないBさん
・応援しているが、まず当選しないであろうCさん

このとき、応援しているCさんではなくBさんを選んだとしたら、「自分はCさんに投票したいけれど、みんなが投票するBさんに入れておこう」と思ったからでしょう。こういう人はきっと他にも多くいて、Cさんへの投票数は、実際の支持数より少なくなると考えられます。他人の気持ちを考えて行動すると、実際よりも差が大きくなるのも興味深いところです。

日常やビジネスでも、「〝周りから見て良く見られるような服装〟を求める人」が好むような服装を考えるなど、「他人の気持ちを考えている他人」の気持ちを想像する場面はあるものです。「おしゃれに気を配っている人がお土産にしそうな商品」だとか、「営業マンが売りやすい商品」だとか、自分ではない人の心を理解しようと思考を巡らせます。これは、身近な思考実験と言えそうですね。

第4章

現実の常識を疑う思考実験

【思考実験No.27】

水槽の中の脳

ある研究室に、ずらりと水槽が並べられています。水槽の中には脳が浮かんでいて、脳にはたくさんの電極が取り付けられ、コンピューターに繋がれています。

「うまくいっているか？」

「ええ。大丈夫のようです。脳はしっかりと自分の世界を認識して信じています。まさか自分の脳が水槽の中で浮かんでいるだけだとは思っていないはずですよ」

今、Aさんの脳は水槽の中に浮かんでいます。Aさんは、「ああ、今日は風が心地いいなぁ。とても暖かいし、散歩が楽しい。そうだ、明日は日曜日だから、公園で絵でも描こうかな」と、自らの脳が水槽に浮かんでいて、コンピューターが作った「仮想現実」の世界を見せられているとは夢にも思わず、自分の世界を生きています。

彼らの「人生」は、すべてコンピューターで制御されており、科学者たちによって管理されています。その「人生」は、困難もあれば楽しいこともあり、時には大きな挑戦をしたり、目標を達成できたり、「人生」を左右する決断があることもあります。

そうです。これは、私たちの人生そのものです。もしかすると、私たちの人生は、科学者に管理された「人生」かもしれないのです。私たちの脳が水槽の中にはないという証拠がどこにあるでしょうか？

もしかすると、私たちの脳は今、水槽の中にあるのでしょうか？

考え方のヒント

この世の中は仮想現実（バーチャルリアリティ）なのではないか？　という考えは、デカルトやカントといった有名な哲学者の思考にもありました。１９８２年、それを「水槽の中の脳」という１つの形にしたのはアメリカの哲学者であるヒラリー・パトナムです。

仮に、私たちの脳が水槽の中にあり、科学者によって見るもの、感じるもののすべてが管理されているとしても、私たちはそれに気がつくことはできません。もし気づいたとしても、管理者が「気づかせてみよう」と見せただけかもしれませんし、仮想現実であると確信することは難しいでしょう。

水槽の中の脳は、「意図的に作られた世界」です。水槽の中の脳が見ている世界は、すべて科学者が作り上げた世界で、水槽の中の脳の持ち主である本人以外の人は皆、コンピューターによってつくられた幻影のようなもので、実際には存在しません。人だけでなく、物も、空気も、風も、太陽も、コンピューターがあなたにそう見えるように作っただけです。すべては水槽の中の脳への電気刺激によって錯覚させられているだけです。

もしかしたら、これは事実かもしれないのです。あなたの家族も、職場も、あなたの外見も、遠い異国での出来事も、すべては仮想現実かもしれません。

あなたは自分の手で自分の鼻を触ることができます。すると、手にも鼻にも皮膚感覚があり、触れていることが視覚と触覚でわかります。嗅覚でも手の匂いを感じるでしょうし、叩けば聴覚も反応します。このように、様々な感覚を通して確かに自分がここに存在し、世界とともにあることを実感しています。

ただ、それも水槽の中の脳に繋がれたコンピューターの仕業なのです。あなたはコンピューターにより完全に制御されているからそう感じているだけで、本当は水槽の中に浮か

すべて脳が見せている仮想現実だとしたら?

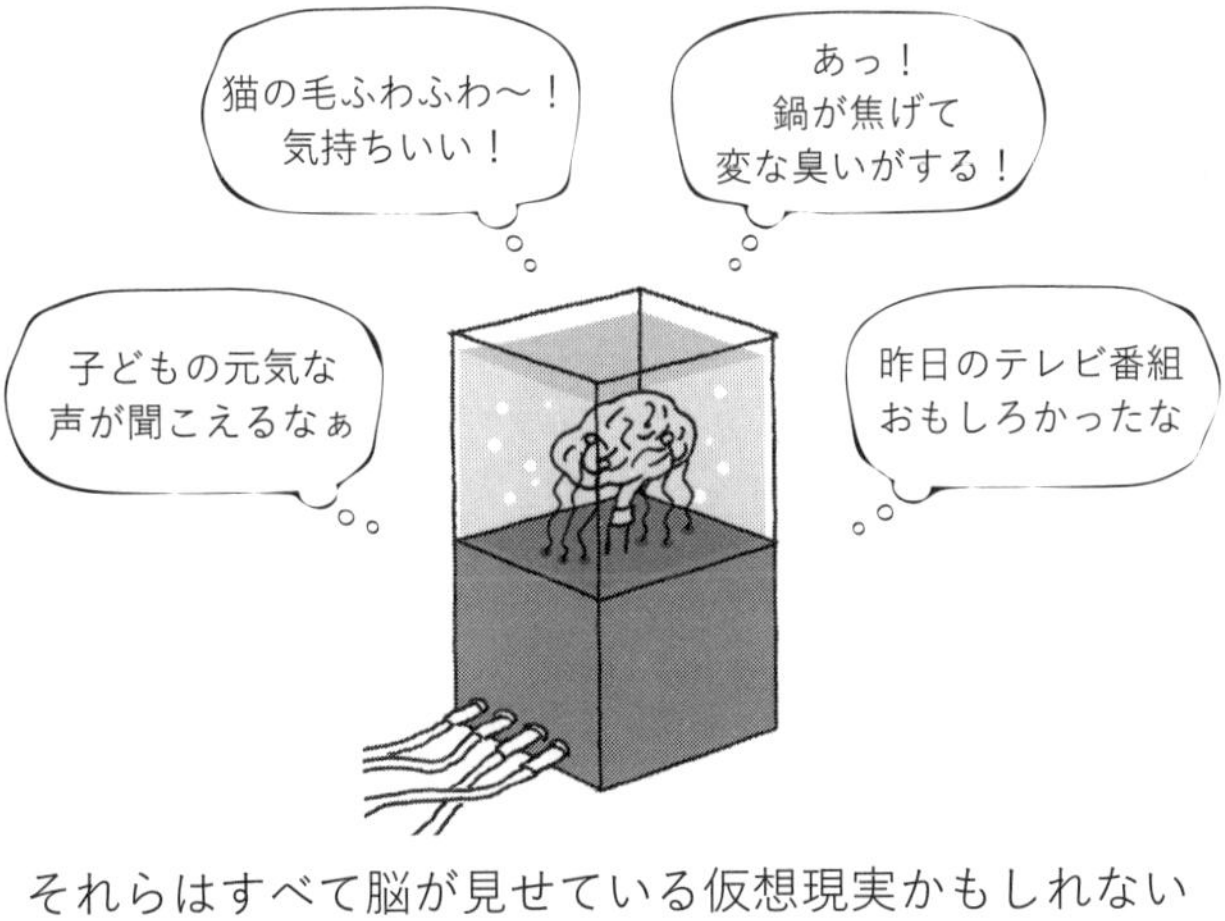

それらはすべて脳が見せている仮想現実かもしれない

ぶ脳なのです。

これが本当なのか嘘なのか、それを知るすべは何もないのです。ですから、「私たちの脳は今、水槽の中にあるのでしょうか？」という問いには「わからない」と答えるしかないでしょう。

さて、もし今、あなたが次の2つのうちどちらかを選べるなら、どちらを選択しますか？

A：水槽の中に入り、機械にすべてをゆだねる。そして、幸せになる仮想現実を見続ける。
B：生身の体を持ち、平凡と呼ぶにはみすぼらしくて、どちらかというとつまらない人生を送る。

この2択ならBに決まっている、という声が多そうですね。しかし、今生きている世界も水槽の中の脳かもしれません。それに気づくすべはないのです。それなのに、なぜBを選択するのでしょうか？

人は現状維持を好みますし、自分の力で生きていきたい、自分の意思で人生を決めたいという願望を持っています。そして、今までに築き上げた人間関係はかけがえのない財産です。家族やそのほかの人間関係が失われるのは耐えがたい苦痛でしょう。

社会の中で生きる動物である人は、人とのかかわりがなければ精神を病んでしまいます。人は皮膚までが自分なのではなく、それより外までを自分として認識しているという考えもあるくらい、人とのかかわりが重要なのです。その中で、自分だけが幸せと感じる仮想現実に入り込むと考えたとき、生きていく意味、何も生み出さないことに対する虚無感、現実から逃げるという罪悪感、それらの様々な感情が、自分を仮想現実に委ねることへの嫌悪感に変わります。

今度は、もし今のあなたの脳が水槽の中にあり、本当に科学者に管理されているとしましょう。そして、そのことに何となく気づいてしまったとしたら、どう考えますか？

おそらく、今の世界は、水槽の中の自分の脳が見ている仮想現実です。科学者によって制御された世界です。あなたの未来はきっと科学者によって決められており、あなたが自由に生きていると感じていても、そう感じるようにプログラミングされているからにすぎません。あなたの嗜好も理想の自分も、プログラミングされたデータから算出された結果にすぎないと予想できるのです。こう考えると、さらに無力感や喪失感が大きくなるでしょう。

では、先ほどの選択肢とは逆に、「目覚めるためのボタン」が目の前にあったらどうでしょうか？　このボタンを押すと、今の仮想現実の世界から自分は本当の世界に抜け出せると感じられます。しかし、今の世界には二度と戻れないことも感覚としてわかります。

Ａ：水槽の中にいる状態から抜け出さず、仮想現実を見続ける。
Ｂ：自らの意思で目覚め、仮想現実の世界から抜け出す。

目覚めれば、脳だけではない形があり、人として存在していることがわかっています。目覚めたいと感じますか？　これにすぐに「目覚めたい」と答えるのは難しいはずです。今の生活に相当な不満を感じているとしても、目覚めたらどうなるのか不透明なうえに、

仮想現実から目覚めるべきなのか？

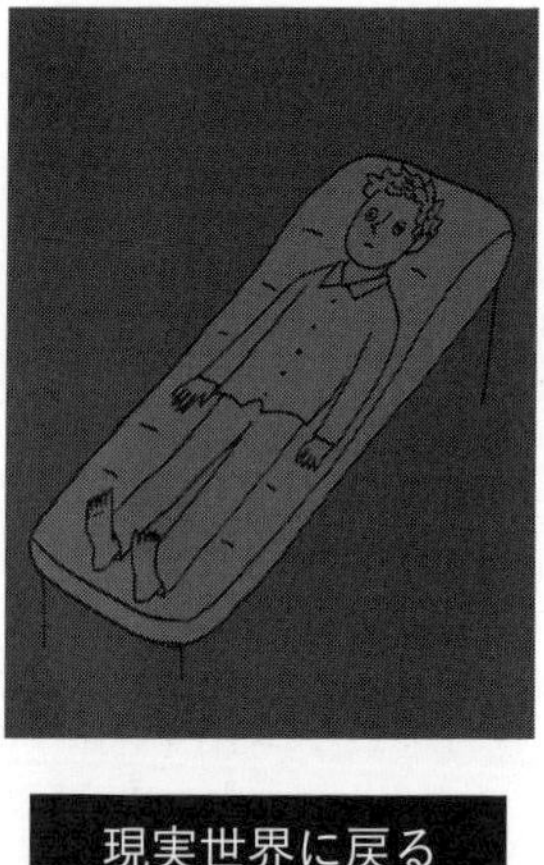

仮想世界で生き続ける　or　現実世界に戻る

今の人とのつながりもなくなってしまうわけですから、大きなリスクを伴います。家族も、友人も、仕事も、住居も、作りものだったとしても自分には現実にしか思えないそのすべてが、永遠に消え去ってしまうのです。

●映画「マトリックス」の世界

水槽の中の脳から目覚める物語として、有名な映画があります。

1999年に公開されたアメリカの映画「マトリックス」では、人と機械の戦争に人が敗れ、人々が水槽の中に入れられて、機械の動力源として利用されています。そして人々は、水槽の中で機械が作った「マトリックス」と呼ばれる仮想現実の世界を見続けています。

仮想現実を見せるプログラムの中で必然的に生まれてしまうという、仮想現実の世界から抜け出した人々は、ザイオンという街に集まりそこで生活することになります。しかし、ザイオンもまた機械によって計画的に作られた街でした。すべては機械の予定通りに進んでいたのです。映画「マトリックス」では、動力源として利用する人間の精神の安定のため、仮想現実は幸福なものでした。そのため、現実の世界から、仮想現実の世界に戻りたいという人も存在します。

この物語では、目覚めてしまった人は大きな苦難に直面し、悲惨な現場を目の当たりにします。「こんなことなら目覚めなければよかったのに」という声も聞こえてきそうなくらいです。「機械によって見せられている仮想現実とどちらが幸せなのか？」と考えたら、きっと仮想現実の中にいたほうがその瞬間は幸福でしょう。
それほど、水槽の外は、人々に課せられたつらい現実なのです。それでも、人々が戦いの末に機械から解き放たれたとき、それを勝利とか、ハッピーエンドと呼ぶのでしょう。

たとえ仮想現実のほうが幸せであったとしても、そこは「嘘」と「支配」による世界です。「何かが間違っていると感じたから」とマトリックスの主人公が真実に向かおうとするように、「嘘」や「支配」は人の精神にとって耐えがたいものなのです。それが辛い現実だとしても、「真実」とか「解放」は人にとって大切で、「生かされる」よりも「生きる」ことを、「決められてしまう」よりも「決める」ことを望みます。
マトリックスのようにわかりやすくはなくても、今の社会は嘘や支配が蔓延する社会です。その中で映画「マトリックス」には、見せられている情報に気づき、正しく選択をし、たしかな真実を生きようというメッセージがあるのでしょう。

「水槽の中の脳」という1つの思考実験は、作者の想像力と発想力によって、ここまでの物語に発展しました。私たちが日々得ている知識も、人それぞれの思考で、違った活用をされていきます。映画「マトリックス」の製作者にとっての「水槽の中の脳」のような、活かせる情報を見逃さない視点は常日頃から意識しておきたいところです。

【思考実験No.28】

世界5分前誕生仮説

コーヒーショップでカフェラテを楽しんでいたレイコの隣に、あるおばあさんが座りました。そして、次のようなことを語り始めました。

「あなたや私が住むこの世界はね、今からたった5分前に神が作った世界なのですよ。だから、5分より前には何も存在していなかったのです。さあ、これを否定できるかしら」

突然のことでどう反応してよいのか迷いましたが、面白そうな気がしたレイコは、時間もあったので少し付き合ってみることに決めました。

「私、29歳ですよ。29年生きてますから」

「それはね、29年生きているという状態の女性が5分前に作られたからなのよ」

「えっと……このお店は去年オープンしました」

「去年オープンした店、という設定で、5分前に作られたの」

レイコは少し悩んでから言いました。

「木には年輪が刻まれていますよね。あれは1年ずつ時間の経過と共にできたっていう証明ではありませんか？」

「そういう状態で作られたのよ。5分前に」

「では、去年亡くなった人はどうですか？　神様が5分前に世界を作られたのなら、わざわざ亡くなった人の記録まで作るでしょうか？」

「作ったということね。そのほうがより自然だからよ」

「えっ……うーん……。そうですか。それなら、もし今、4万年前の化石が見つかったというニュースがあったとしたら、わざわざそういうシーンを5分前に作っておいたということになります。4万年前の化石ではなく5分前の物なのに。神様、遊びすぎではありませんか？　それに、昨日事故で亡くなった人をわざわざ設定したとなると、神様は酷いことをするって言われてしまいますよ。そんなことはしないのではありませんか？」

「神様の御心なんて私たちにわかるものではないわ」

レイコは気がつきました。これは、証明することは不可能だと。

「これは絶対に証明できない問題ですね」

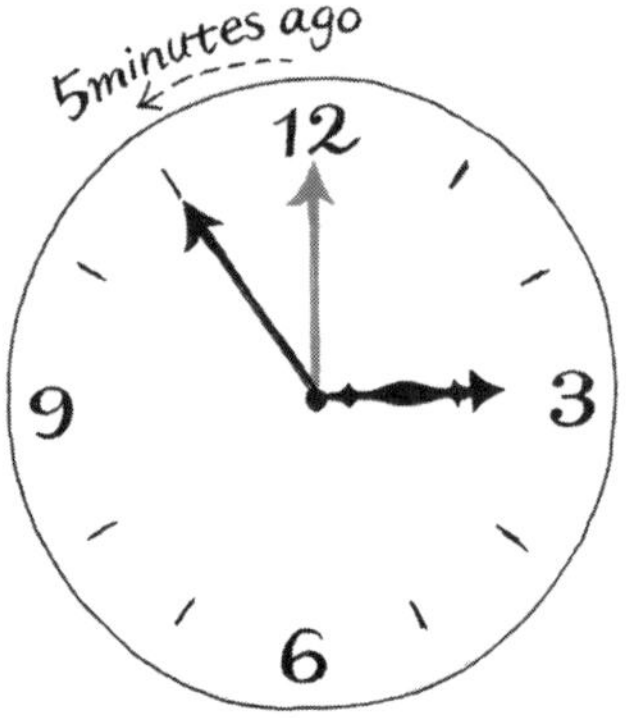

この世界は
5分前に作られた世界…？

考え方のヒント

世界は今から5分前に誕生したものかもしれない、という思考実験は、イギリスの哲学者であり数学者のバートランド・ラッセルによって提唱されました。

物語のレイコは29歳であり、確かに29年間の人生を歩んできた痕跡があちこちにあります。学生時代の友人とはそのころの話ができますし、22歳のときに入社した会社で7～8年も実務経験を積んできました。確かにレイコには、5分以上前から生きてきたという記憶が存在しています。

しかし、「世界5分前誕生仮説」はこれらの事実や記憶や歴史の一切を、一言で処理してしまいます。それが「その状態で5分前に作られた」です。

レイコの記憶は物質によるものですから、脳の海馬やその周辺にある記憶の貯蔵庫に29年分の記憶を作りこみ、その記憶と違和感のない29歳の体を作り上げたということになるのです。10分前に淹れたコーヒーがすっかり冷めてしまったのなら、10分前に淹れたらこの状態になるであろう状態で、5分前に作られたということになります。

たとえば、ゲームやアニメを考えたとき、その世界は作者によって突然作られます。そして、その中にいるキャラクターたちは、自分たちが「作者に作られた存在なんだ」とは言いませんし、そんなことは思ってもいない設定で描かれます。当然にその世界に存在していて、その世界は昔からあったように語られ、ゲームやアニメの世界観を作り上げていきます。

もし、自分がゲームやアニメの登場人物だったら、と考えたことは一度くらいあるのではないでしょうか。その想像上の自分は、その世界観に入り込み、「自分は現実の世界からやってきたんだ！」なんて言うわけもありません。ゲームやアニメの設定に順応して行動し、思考し、感情を持つはずです。

私たちは現実世界にいて、物語の世界を創造しているので、ゲームやアニメの世界が現実ではないと知っています。しかし、もし本当に物語の中の人物であったとしたら、現実世界の人が作ったとは思いもしないでしょう。「もしかしたら、この世界は作られたものかもしれない」と考えたとしても、証明のしようがないのです。まさに「世界5分前誕生仮説」のように、作者が作ったときに作られたという事実を証明できないのです。

この思考実験を提唱したバートランド・ラッセルは、「世界が5分前に作られたと言われても、論理的に矛盾はなく反論できない」としました。たしかに、世界5分前誕生仮説を考えていくと、何を反論しても「その状態で5分前に作られた」と言われてしまいます。こうなると「何を言っても無駄じゃないか、考えるだけ非生産的だ」とも思えてきますね。

しかし、そこで思考を止めてしまうのは勿体ないことです。この思考実験から、当たり前にある昨日どころか10分前すらも疑うことができる、またそれに対して深く考えることができたり、感情が動いたり、話し合いに発展することもできるという人の想像力は面白いものだとも感じられます。目の前にある当たり前のものを疑ってみることで、また違った新しい思考が生まれるかもしれません。

【思考実験No.29】

人生予定説

ある晴れた春の日、公園のベンチで気持ち良く風にあたっていたサトシは、隣のベンチに腰を掛けた老人がこちらを見ていることに気がつきました。

「いい天気ですね」

サトシは老人に声をかけました。

「そうですねぇ。こんな日は誰かとお話をしたくなります」

「僕でよければ」

「そうですか。ありがとう。お若い方、お名前は？」

「大谷サトシです」

「私は西田といいます。この公園にはよく来るんですよ」

サトシは、老人とお互いが近所に住んでいることや、近所の店について話しました。すると、

老人はこんな奇妙な話を始めました。

「さて、サトシさん、あなたは今日、私と会うことが決まっていたと思いますか？」

「え？　どういうことですか？」

「あなたがここに来ない可能性はあったのか？　ということですよ」

突拍子もない質問に一瞬サトシは戸惑いました。しかしすぐに答えを見つけます。

「もちろんですよ。だって、今日は『たまたま』天気が良かったからこの公園に来たんです。あっちのベンチもいいかなと気になりましたが、『何となく』こっちに。西田さんと話しているのもいろんな偶然が重なってのことだと思いますよ？」

老人は、サトシの言葉をゆっくりと何度も頷きながら聞き、それから、静かにサトシのほうを向きました。

「そうでしょうかねぇ」

「えっと……。西田さんは運命とか、そういったものにご興味が……？」

「ふふ、運命ですか。まあ、いいでしょう。サトシさん、今、あなたはこのベンチに座っていますね」

「はい」

「それは、あちらのベンチに座らなかったからです」

老人は、サトシが先ほど「あっちのベンチもいいかな」と気になったベンチを指さしました。

「それはそうですが……それが何か……？」

「さらには今日が清々しい晴れの日だったからです。雨ならここに来ていませんね」

「はい。さっき僕が説明したことじゃないですか」

「その通りです。私がお伝えしたいのは、今、あなたがそこに座っているためには、今日は晴れるという事実があって、あちらのベンチに座らなかったという事実がなければいけなかった。現在のあなたから見ると、それらは起こるべくして起こったことなのです」

「うーん……ちょっとわからないです。僕はここに来ようと思ってここに来たんです」


困惑するサトシに、老人は相変わらずの静かな口調で問いかけます。

「サトシさん、この後どうなさるご予定ですか？」

「えっとですね、お腹がすいてきたので、ハンバーガーを買って帰るか、そばでも食べて帰るか、そんなところかなと。急がないので、ゆっくりお話しした後で大丈夫ですよ」

「ふむふむ。ハンバーガーか、そばか、あなたは自分の意志で選ぶと考えておいでですね？」

「僕以外の誰も選べないでしょう？」

「明日のあなたに聞けば答えはわかりますね。明日のあなたから見れば、今のあなたはどう見えるでしょう？　ハンバーガーか、そばか、決めようとしていますが、すでにわかっている事実をたどっているだけと、そう見えるのではないでしょうか？」

「それは、今の僕が決めたからですよ。今日はハンバーガーを買って帰ります。ほら、今決まったんです」


サトシは、受け入れがたい老人の説を振り払うかのように、今日食べるものを決めて見せました。しかし、老人は静かに微笑んだままです。

「今、あなたが決めたのではないかもしれません。すでに未来は決まっていて、その未来のあなたにつじつまがあうように、あなたのこの瞬間の『ハンバーガーを買って帰る』という決定をしました。すべては未来に従っているだけかもしれないのですよ」

「それじゃあ、そばに変更してみましょうか？」

「どちらになっても、明日のあなたにとっては決まっていた昨日です」

「……西田さんの話は面白いですね。でも、人生が決まっているとしたら、なんだかちょっと、人生の楽しみが減る気がしますよね。観たことのない映画を観ているだけというか」

「観たことのない映画ですか。人生はそんなものかもしれません。でも、いいじゃないですか。観たことがないんですから、この先の展開はまだわからないのです」

「うーん、すでにあるけれど観たことがない、というのと、今はまだないからこれから作られる、というのは違うんだよなぁ……」


それから20分後、サトシはハンバーガーを店で食べながら考えました。

「西田さんに会ったことで考え込みたくなって、あのときの僕の選択肢にはなかった『ハンバーガーを店で食べる』ことにした……これも決まっていたことなのかな……。人生は予定通りに進んでいるんだろうか……？」


はたして、人生は予定通りに進んでいるのでしょうか？

考え方のヒント

通常、川は一方通行にしか流れません。しかし、その行く先はすでに決まっており、川の水は海まで続いています。今、川の上流にある1滴の水は、描かれた通りの道筋をたどって、いずれは海に流れ着きます。

こう考えていくと、人生はある程度は予定通りに進んでいくものなのかも知れません。しかし、1滴の水とは違い、私たちには意思があり、無数の決断で人生をコントロールしています。そして、ある程度はそれができていると信じているはずです。

もし、すべての決断があらかじめ決まっていることだとしたら、私たちがいちいち悩んでいるのはバカバカしくも思えます。今の決断が未来を決めると言うほうがよほど受け入れやすいですし、そう思っているからこそ、日々悩んで決断を下しているのです。

今、あなたがいる「ここ」は、過去の自分の積み重ねが決めたことだと言ったら、すんなり納得できるでしょう。今いる場所や、職業や、体の調子や、人間関係や……その他すべての自分の状態は、まぎれもなく過去の自分が作り上げてきたものです。それが、自分の意思であっても、やむを得ないことであっても、今の原因は過去にあるのです。私たちはそう信じて疑いません。

では、もし、未来に「原因」があると聞いたらどう考えますか？　ぱっと聞いてもイメージしにくいでしょう。

つまりこういうことです。ある日、Aさんが電車の乗り換えでミスをして、乗るべき電車とは違う電車に乗ってしまいました。仕方なく東京駅で降りて乗り換えることにしました。

これを想像すると、Aさんが乗り間違えた瞬間に、10分後に少しイライラしながらも乗り換えをするAさんがいるという未来が決まるように思えます。

しかし、もしかしたら、10分後に東京駅にいるというAさんが最初に決まってい

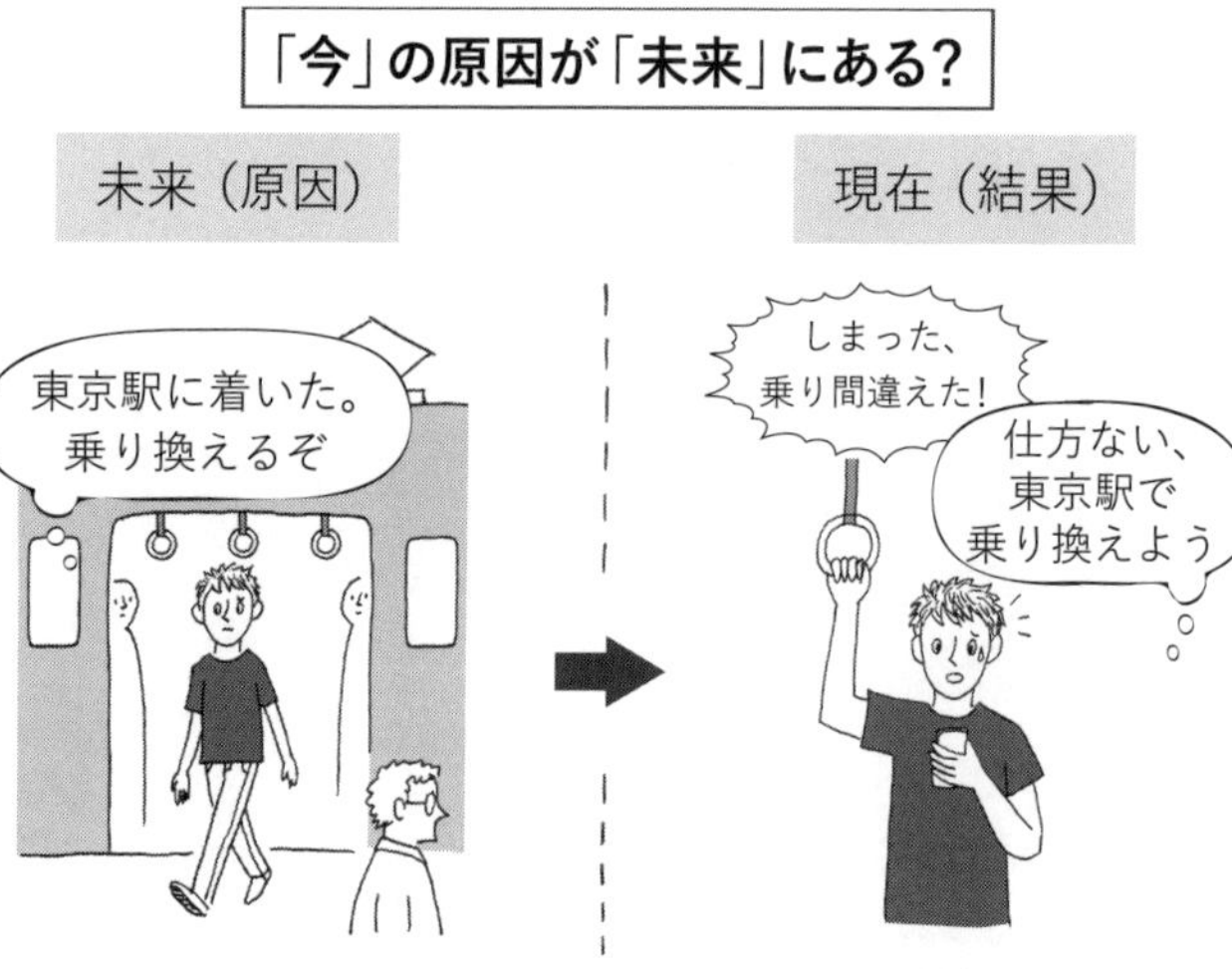

「東京駅で乗り換える」という未来のために、現在の行動が決められてしまう

て、それに合わせるように乗り間違えたとも考えられるのです。

全くもってありえないことだから、想像すらできない、と思えるかもしれません。しかし、量子の世界（原子や分子やそれ以下の極めて小さな世界）では、私たちが想像もつかないようなことが起こりえるのです。実際に、時間を逆にたどる物質の存在や、未来が今に影響を及ぼす可能性が研究されています。

●時間とは何か？　未来とは何か？

私たちは当たり前のように、過去、現在、未来という言葉を使い、時間の存在を知っています。では、時間の正体とは何でしょうか？　これだけ身近であるにもかかわらず、なぜ止まらないのか、なぜ逆戻りしないのか、よくわからない不思議な存在です。

普段、私たちが生活している地球上では、誰でも平等に年を取り、時間は平等であるように感じられます。毎日同じ速さで時間が流れ、決して戻ることはありません。そして、私たちが普段見たり感じたりできるのは、「現在」だけです。過去は今まで経験した世界ですが、今から遡って実際に見ることはできません。

一方で、夜空を望遠鏡で眺めると、遠くの星まで見ることができます。これらの星は現在の姿ではなく、過去の姿です。たとえば1光年離れていれば、1年前の姿なのです。

1光年というのは、光が1年かけて進む距離を表し、大体9兆4600億キロメートルです。宇宙での距離をキロメートルで表すと、あまりにも大きな数になりすぎて、感覚としてわからなくなるので、光年という地球上では必要のない単位が活躍するのですね。ちなみに、光は1秒で地球を約7周半できる速さです。

地球上で、地球上にある過去は見ることはできませんが、遠くの星からであれば、この星の昔の姿を見ることはできるわけです。

そして、未来はまだ見ぬ世界です。どんな方法をつかっても、未来の姿を見る方法を私たちはまだ知りません。本当はあるのに見えないのか、時間の流れとともに作られるものだから見えないのか、それすら調べるすべはないのです。

こう考えていくと、本当は過去も現在も未来も、同時に存在していて、その中の現在しか見ることができず、そのため、現在の自分は、自分の選択で未来を変えられると思い込んでいるだけということも、あり得ない話ではないのです。

「考えてもわからないことだから、考えても仕方がない」と、思考をやめてしまったら、そこで創造は終了してしまいます。そこからどんな考えを生み出せるか、思考を広げていけるかが、新たな発想を生み出すのです。

【思考実験No.30】

読めない歴史書

ある日、マサヤは休日を利用して清掃のボランティアにやってきていました。場所は山中にある古い小屋で、マサヤの他にも5～6人のボランティアが集まっていました。

この小屋は、もう長らく使われておらず、相続した男性がボランティアに清掃を頼んだのです。「もしかしたら歴史的な発見があるかもしれない」と依頼者に伝えられ、ボランティアたちは小屋にある1つ1つの物を注意深く確認していきました。

そして、マサヤは1冊の書物を発見しました。

中を見ると、何語かよくわからない、しかし文字ではあるようなものが書かれています。この書物は、その後多くの専門家によって解読が行われましたが、誰一人この文字を読むことができた人はいませんでした。

「何らかの文章であることは間違いがない。しかし、全く意味はわからない」

それが、専門家たちの一致した意見です。

誰も読めないこの歴史書に書かれている文字は、「言語」と呼べるのでしょうか？

考え方のヒント

実際に、読めない歴史書として有名な「ヴォイニッチ手稿」という文書があります。1912年に発見され、発見者の名前から「ヴォイニッチ手稿」と名付けられました。この手稿を解読しようと世界中から様々な専門家やAIを使っての挑戦が続いていますが、いまだ解読には至っていません。

では、「ヴォイニッチ手稿」は言語と呼べるでしょうか？

少なくとも現段階では、私たちが「言語」と認識しているものであると考えられています。統計学的に見て、単に意味のない文字が並んでいるだけではなく、何らかの文章であろうことは推測できているからです。でたらめな文字列ではなく、言語らしい構成をしているのであれば、やはり、私たちが「言語」と呼ぶものが書かれているのでしょう。

以上のことから、「読めない歴史書」も、「言語」が書かれていると考えてよさそうです。しかし、誰も読めないのに、「言語」であるというのは何か引っ掛かりがあるでしょう。

●言語としての役割とは

私たちが言葉を放つとき、必ず誰かに何かを伝える目的があって使用します。頭の中に浮かんだものを言語化するとき、それを何らかのコミュニケーションに使うという目的があるはずでしょう。

独り言であっても、誰かに何かを伝えるためや、頭の中の整理や、心を落ち着かせるという、自分や他人とのコミュニケーションの言葉と考えられます。誰かに読んでもらう意図で書かれていない「日記」であっても、自分でも読めない文字、意味不明な文章では書かないでしょう。少なくとも独り言のような効果を期待しているか、未来の自分が読めるように書くはずです。

物語でマサヤが見つけた歴史書は、誰も読めない言語で書かれています。それが暗号文字で書かれているのか、すでに読める人がいない古い言語で書かれているのか、それすらも今となってはわからないものです。

誰も読めない、誰も意味を想像できないのであれば、言語としての目的は果たされていないと考えられます。そう考えていくと、「読めない歴史書」は私たちが考える「言語」の一種であることは確かですが、その役割は果たせていないということになります。

食べることができなくても、そこにある「焼き肉弁当」は「焼き肉弁当」であるように、薪《まき》も火もなくても「暖炉」であるように、壊れて動かなくても「自転車」と呼ぶように、読めなくても、役割を果たせなくても、読めない歴史書は「言語」ではあると考えられます。

●言語の解釈

その一方で、このように考えることもできます。

「言語」や「言葉」を辞書で調べると、『自分が考えたことや感じたことを、表現したり、受け入れたりするための規則。社会に認められた意味を持ったもの』という意味が出てきます。つまり、言語は、社会に「共通のルール」が十分に根付いているからこそ、言語としての役割を果たすことができます。

「さくら」という言葉が、花の「桜」のことで、そこから派生して「女性の名前」や「薄ピンクの色」を指すことは共通のルールとして知っています。そのため、「サクラデニッシュパン」と聞けば、それ自体を見たことも食べたこともなくても、ほのかにピンク色かもしれない、人工か天然ものかはわからないが、サクラの香りがするのだろう、と大体誰でも似たような想像をすることができます。

しかし、「聞く」を「旅行する」「食べる」の意味で使う人や、「触る」を「転ぶ」の意味で使う人がいたらと考えていくと、「共通ルール」がないと会話は難しくなっていくことが想像できます。

私たちは、言葉を時代の流れの中で上手に変化させながら、「共通ルール」として共有し、「言語」を使用しているのです。


このように、言語は規則であり、社会に認められた意味やルールに基づいたツールであると考えると、読めない歴史書の文章はそれを果たせていません。いえ、その歴史書が書かれた時代には果たせたのでしょう。しかし、現段階で読めない以上、「言語」や「言葉」の仲間には分類できないとも言えます。


「読めない歴史書」は、書かれた時点では「言語」であったと考えられますが、誰もわからなくなった時点で「言語」としての役割を果たせなくなり、結果として、「言語」ではあるはずですが、「言語」と呼ぶには足りないものになったというふうにも考えられます。

この「言語は共通のルールがあってこそ言語である」という点から考えると、「言語ではない」と言われても仕方がありません。

「言語ではない」からなのか、読めない歴史書は、読める歴史書と価値の置き方が違います。

読める歴史書は、「当時を知る貴重な資料」、「書いた人の心情を知る」といった価値があるのに対し、読めない歴史書は、「謎」、「ミステリアス」、「挑戦」、「何が書かれているかが興味の的」という、ゲームのような別の価値を持つことになります。

あなたは、読めない歴史書を「言語」と考えますか？

【思考実験No.31】

無知のヴェール

ある、不思議な会議室に、20人の人が集まっています。彼らは、会議室の外では自分の生活があり、それぞれの立場、それぞれの資産、それぞれの趣味を持って生活をしていました。

しかし、この会議室に入るときに全員に「無知のヴェール」が掛けられ、その効果で、彼らは自分についてのあらゆる情報を忘れてしまっています。

自分が何者なのか？　どんな家族構成なのか？　健康なのか？　お金持ちなのか貧乏なのか？　人種は？　何歳なのか？　さらに、男性なのか女性なのかすらわかりません。

ただ、自分が人であることは知っていますし、言葉も、計算も、とにかく自分についての情報に関わらない知識は、今までどおり持ち合わせています。世の中にいろんな職業があったり、お金持ちや貧乏な人がいたり、いろんな病気があったりと、社会がどういうものかもわかります。

ここには、こんな人たちが集まりました。

Aさんは有名な資産家で、世界各地に10の豪邸を持ち、プライベートジェットを乗り回す生活を送っています。

Bさんは芸人を目指し、アルバイトをしながら頑張っていますが、今年で30歳。そろそろ人生の大きな岐路だと感じ悩んでいます。

Cさんは正社員の夫を持つ主婦で、本人が言うには平凡だけれども幸せだと感じているようです。

Dさんは生まれつき体が弱く、働くこともできずに貧乏な生活です。

Eさんはギャンブルにのめりこみ、資産を失い、借金を抱えています。

Fさんは政治家として社会を動かすことに精力を注いでいます。

さて、彼らは今、「無知のヴェール」の力で、そのすべてを忘れています。そして、会議室では、彼らの社会の政策について話し合いが始まりました。どんな社会にしたいか、それを決めるのです。

どんな話し合いになったでしょうか？　彼らはどのような社会を求めたでしょうか？

無知のヴェールをかぶった人々はどうなるか

性別・年齢・資産状況・職業などが違う人々

無知のヴェールをかぶる

話し合いはどのような結果になる？

考え方のヒント

●それぞれの立場があったとしたら

もし、Aさんが記憶を持ったままなら、お金持ちに厳しい政策には難色を示したでしょう。Bさんが記憶を持っていたなら、アルバイトの人の立場を向上させようとするでしょう。Cさんが記憶を持っていたなら、主婦の権利について熱く語るかもしれません。Dさんなら、健康面での弱者を守る社会を作ろうと言うでしょう。Eさんなら、借金を少しでも軽くできないかと、何か提案するかもしれません。そして、Fさんは、今までに政治家として公言していたような政策を打ち出すでしょうか?

おそらく、その主張はそれぞれの立場によって、全く異なってくるでしょう。

●「無知のヴェール」はどんな思考をさせるのか

あなたが、この「無知のヴェール」をかけられて会議室にいたとしたら、どんな主張をするでしょうか。

きっと、特定の職業や、性別、年齢にだけ都合のいいような政策は考えないでしょう。

なぜなら、自分や、自分に大切な人がいるとしたらその人が、優遇された特定の立場であるとは限らないからです。「自分は自己都合でなく、社会全体のことを考える」と考える人がいたとしても、わざわざ特定の立場の人だけを優遇はしないはずです。なぜ優遇するのか、その理由が見つからないからです。

「無知のヴェール」をかけられた人々が求めるのは、「社会全体の幸福」となるでしょう。集まった人々が突然「博愛の精神」に目覚め、自分の幸福より社会全体の幸福を求めるようになったというわけではありません。自分や、きっといるであろう自分の大切な人がどんな立場であっても幸せになれるように、つまりは自分のために「社会全体の幸福」を願うのです。そうすれば、自分がどんな立場になったとしても、最低限、幸せと思える生活ができるはずと考えてのことです。

そうした思考から、この会議室で出される政策は、社会全体の幸福を最大限に高めるためのものになっていきます。もし、一部の人を切り捨てるような発言をしたならば、「君がその立場かもしれないのだ」といわれてしまうだけです。

●強い者を守るか、弱い者を守るか

この思考実験は、アメリカの哲学者、ジョン・ロールズによって提唱されました。ロールズは、「無知のヴェール」を被った状態であれば、他者に対する嫉妬であったり、優越感であったり、対抗心であったり、そういった感情を一切捨て去ることができると主張しました。自分の状態がわからないので、他者に対する感情を持つことができないからです。

その状態であれば、人は合理的な判断をすることができ、最悪な状態になってしまうことをなるべく回避するような思考をするはずだと考えたのです。

現在の社会を見てみると、「お金持ちが政治をしているから、金持ち優遇になる」という声があったり、「立場の弱いものが政治に参加できていない」と感じられたりするでしょう。無知のヴェールがあれば、全員がフラットな立ち位置で議論を交わすことになります。そのとき、人々は「強い者をより強くする」か、「弱い者を協力して助ける」か、どちらを重要視するでしょうか。

ロールズは、無知のヴェールが掛かった会議室では、その政策は強い者より、弱い者を守るほうにシフトすると述べているのです。

「もし、自分が強いものだったら、さらに確固たる地位を築きたい。だから、強いものを優遇してほしい！」という心より、「もし、自分が弱いものだったら守ってくれないと困る。だから、弱いものを優遇してほしい！」という心のほうが強いのが人というものです。無知のヴェールを被った会議室の人々は、より弱いものをいたわり、強いものには我慢してもらう政策をまとめるでしょう。

きっと、それが本来、人々が望む社会なのだとしたら、今の社会はそんな社会とはだいぶん違う社会になってしまっているようです。

もし、選挙の投票前に「無知のヴェール」を被るというルールが成立し、その結果によって政治が行われる社会が実現したとしたら、どんな世の中になるのでしょうか。

【思考実験No.32】

便器のクモ

ある年の夏休み、タカシは補習のために登校すると、学校のトイレの便器の中に1匹のクモを見つけました。翌日も、タカシは同じ便器の中に多分同じクモだろうと思われるクモを見つけました。

「このクモ、こんなところに住んでいるの？　全然幸せそうに見えないよ。こんなところにいるのはかわいそうだな」

そう思ったタカシはクモを外に出そうとしましたが、誤ってクモを殺してしまいました。そして、動かなくなったクモは次回の掃除が入るまで、数日以上その場に放置されました。

タカシはよかれと思ってクモを助けようとしたのです。１００％善意による行動です。しかし、タカシの思うようにはなりませんでした。結局クモは死んでしまったのです。

はたして、便器の中のクモはかわいそうだったのでしょうか？　クモは外に出してもらったほうが幸せだったのでしょうか？

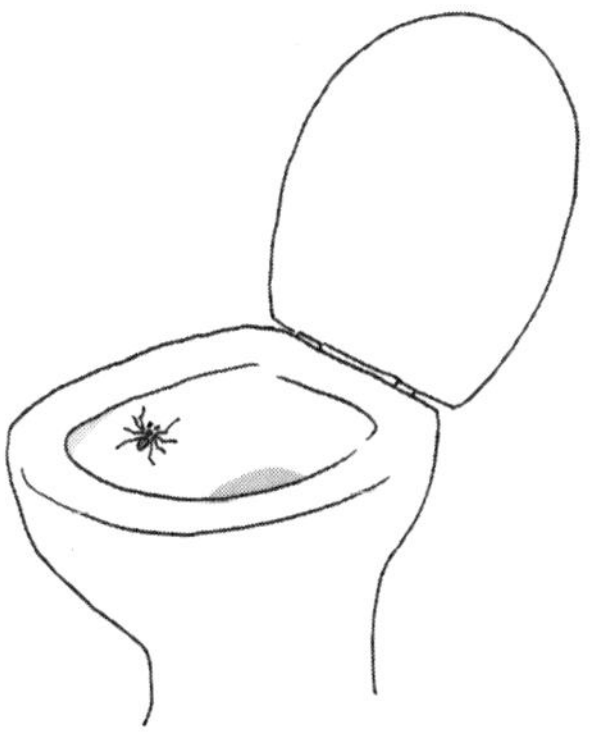

便器にいるクモは
はたして幸せなのか？

考え方のヒント

「便器のクモ」は、アメリカの哲学者、トマス・ネーゲルによる思考実験です。ネーゲルは、この思考実験を通して何を伝えたかったのでしょうか？

想像力を働かせて考えてみましょう。

●クモの気持ちはわからない

タカシは、クモが幸せに見えなかったことから、クモを便器から外に出し、助け出してあげようと考えました。

タカシにとって便器は汚い場所であり、休める場所ではなく、トイレの電気がついていない夜はとても暗い場所です。そこから、タカシは、クモが「便器の中にいる」ことを「不幸である」と結論づけたのです。しかし、相手は人ではなくクモです。そもそも種が違うのですから、何が良くて何が悪いのかは判断が難しいでしょう。クモにとっては、ふかふかの布団より、便器のほうが休めるのかもしれません。

たとえば、魚に対して「水に沈められて可哀そう」と思う人はいません。人であれば大変なことになりますが、魚は水の中にいることが当たり前です。

深海魚に対して「光を感じられなくて可哀そう」と思うでしょうか。もしかしたら、「深海魚は深海にいて楽しいのだろうか？　光のない場所にいて幸せなのだろうか？」と考えた方はいるかもしれません。そう考えたとき、人は深海魚を擬人化し、「深海魚が人のように思考しているとしたら」と想像しているはずです。当然ですが、どんなに深海魚に思いをはせても、深海魚の気持ちはわかりません。そもそも心があるのかどうかもわかりません。

そして、ある人は結論として「生まれ変わったとして深海魚にはなりたくない」と、自分目線で考え、そんな感想を思い描くくらいしかできないのではないでしょうか。

タカシも、クモに自分を重ねて想像を膨らませました。

「このクモ、こんなところに住んでいるの？　全然幸せそうに見えないよ。こんなところにいるのは可哀そうだな」

確かに、「人であれば」不幸なことかもしれません。助けてあげようというタカシの気持ちは当然に思えます。しかし、相手はクモです。人にとっては不幸なことであっても、クモにとってそうであるとは限りません。

●他人の気持ちはわからない

これは、クモではない人についても言えることです。たとえば、「お腹が空いた」という友人に、タカシがよかれと思ってシュークリームを渡したとしても、友人はダイエット中かもしれませんし、甘いものではなくおにぎりが食べたいのかもしれません。友人が自分で用意した弁当やケーキを食べることを楽しみにしていたとしたら、タカシの善意による行為は、必ずしもタカシの思い通りに相手には通じないでしょう。

人は、他人の気持ちを容易に知ることはできません。言葉を使ってコミュニケーションを図っても、それが気を使った言葉なのか、本心なのかも気がつかないものです。

つまり、この思考実験は、人がクモの気持ちを理解することができないように、他人の心を知るのは難しいことのたとえとして作られました。相手が人であっても、便器の中のクモの心がわからないのと同じように、他人の心はわからないものだということでしょう。

【思考実験No.33】

幸福の街オメラス

オメラスという街は、とても美しく、人々は優しく健康で、軍もなければ王も奴隷もおらず、皆平等で、誰もが思い描くような理想郷でした。

しかし、この素晴らしい街を実現するために、ある契約がありました。

街のある公共施設の地下室には窓のない部屋が1つあり、そこには少年が幽閉されています。少年は知的障害を持ってはいますが、最初からこの部屋にいるわけではなく、母親の顔や日の光を知っているため、「おとなしくするから出してほしい」と懇願します。しかし、それに応える人は1人としていません。食べ物もろくに与えられず、汚物にまみれた環境で、少年は閉じ込められ続けているのです。契約は、少年を閉じ込め、誰も優しい声を掛けたり、おいしいものを与えたりしてはいけないというものでした。

オメラスの幸福はこの少年の犠牲のもとに成り立っているのだと、この街に住む誰もが知っています。この街の人は皆、心優しいので、少年を助けたいと考えますが、健康も、知識も環境も、とにかく幸福のすべてがこの少年に依存しているので、助け出すことはできないのです。少年に声を掛けたりきれいにしたりするだけでも幸福は色あせていく。それが街の常識であり、少年は今日も恐ろしい不幸の中にいます。

少年の犠牲はやむを得ぬことなのでしょうか？

考え方のヒント

「幸福の街オメラス」は、アーシュラ・K・ル・グィンによる短編小説『オメラスから歩み去る人々』を元にしています。街の人々の幸福が、1人の少年の犠牲によって成り立っていて、それを街の人は知っていますが、やむを得ぬことであると考えて心に蓋をするのです。この少年の不幸は見て見ぬふりをすることが正解なのでしょうか？　少年の犠牲は仕方のないことなのでしょうか。

ここで、もう1つ、1人と多数を比べたストーリーを考えてみてください。

イギリスの映画『アン・イン・ザ・スカイ　世界一安全な戦場（2016）』では、自爆テロを行おうとするテロリストの情報を得たイギリス軍が、その場所を標的としてミサイルを発射しようとします。しかし、そのとき、パン売りの少女アリアが、目標地点付近でパンを売り始めてしまいます。このままミサイルを発射すれば、少女を巻き添えにしてしまいます。危険な自爆テロリストたちを抹殺するためにやむを得ぬ犠牲なのか、少女を助けるべきなのか、空調の行き届いた会議室は揺れ動きます。

この映画では、推定80人のテロリストを始末し、自爆テロを防ぐという作戦で、ミサイルを発射できる瞬間を、パン売りの少女1人を助けるために見逃していいのか？　が問題になります。

どちらも、1人の不幸によって多数が救われるという図式が成り立ちます。では、どちらのほうがより犠牲がやむを得ないと感じられるでしょうか？　一度本を置いて考えてみてください。

●2つの物語の違いとは

多くの人は、オメラスの人々の幸福のほうに疑問を抱くのではないでしょうか。では、それはなぜなのか、2つの違いをはっきりさせるために、「幸福の街オメラス」と、「アン・イン・ザ・スカイ　世界一安全な戦場」が何と何を比べて悩んでいるのかをまとめてみます。

まず、「幸福の街オメラス」では、少年が閉じ込められて不幸になる代わりに、街の人々が幸福を手にします。つまり、天秤にかけるのは「少年の不幸」と、「街の人の幸せな暮らし」です。

一方、「アン・イン・ザ・スカイ　世界一安全な戦場」は、テロに巻き込まれて命を落とす人々を助けるため、パン売りの少女アリアを巻き添えにしてしまうことが問題になります。この場合、天秤にかけるのは「パン売りの少女アリアの命」と、「自爆テロで失われる市民の命」です。

この2つの決定的な違いは、「アン・イン・ザ・スカイ　世界一安全な戦場」では、同じ「失われる命」というマイナスの比較であるのに対し、「幸福の街オメラス」では、「1人の不幸」と、「多数の幸福」という、マイナスの要素とプラスの要素を比べている点です。

「アン・イン・ザ・スカイ　世界一安全な戦場」では、アリアの命を助ける選択をすれば、自爆テロが行われ、多くの命が失われてしまうでしょう。1人の命と大勢の命を比較するのであれば、大勢の命を救うことを優先させるという決断は、多数派の支持を得るはずです。

一方、「幸福の街オメラス」では、少年1人を恐ろしいほどの不幸にするのをやめ、少年を救うことで、街の人々の幸福が奪われます。たしかに、街の幸福は守るべきものであっても、そのために少年を不幸にしていいのだろうか？　少年を不幸にしなければいけない幸福は、盗んだお金のようなもので、元々街の人々のものではないのではないか？　といった疑問が浮かんでくるでしょう。

たとえば、あるクラスの30人で遠足に行き、けが人が出ました。「3人が転んでけがをする」

と「30人が転んでけがをする」のどちらがいいか、考える必要がないほど答えは明確です。けが人は少ないに越したことはありませんから、当然3人がけがをするほうを選んだはずです。

では、同様に遠足での出来事として、「クラスの1人を徹底的に無視すれば、その子以外にケーキが配られる」と「何もせずに全員ケーキがもらえない」の2つではどうでしょうか？

前者は明らかに「いじめ」ですから、それによってどんなに残り29人の生徒にいいことが起こるとしても、するべきではないという意見が圧倒的に多数派でしょう。

3人が転ぶか、30人が転ぶかは、パン売りの少女アリアの例と同様、全体の被害の数が少ないほうが好ましいと考えられます。ただ、アリアの例を当てはめるなら、「3人を転ばせるか、30人が他の誰かに転ばされてしまうか」としたほうが正確かもしれません。

後半のクラスの1人をいじめる例は、オメラスの少年の例をもう少し現実に近づけたものです。どんなに嬉しいことが身に起こるとしても、誰かを陥れる必要があるのなら、それはしてはいけないことでしょう。

アーシュラ・K・ル・グィンの小説では、静かにオメラスから去る人々が現れ、彼らがタイトルにある歩み去る人々です。しかし、歩み去ったところでオメラスは変わりません。それでも少年の犠牲によって成り立つ街に住むことはできなかったということなのでしょう。

2つの物語の違い

「アン・イン・ザ・スカイ」のパン売りの少女・アリア

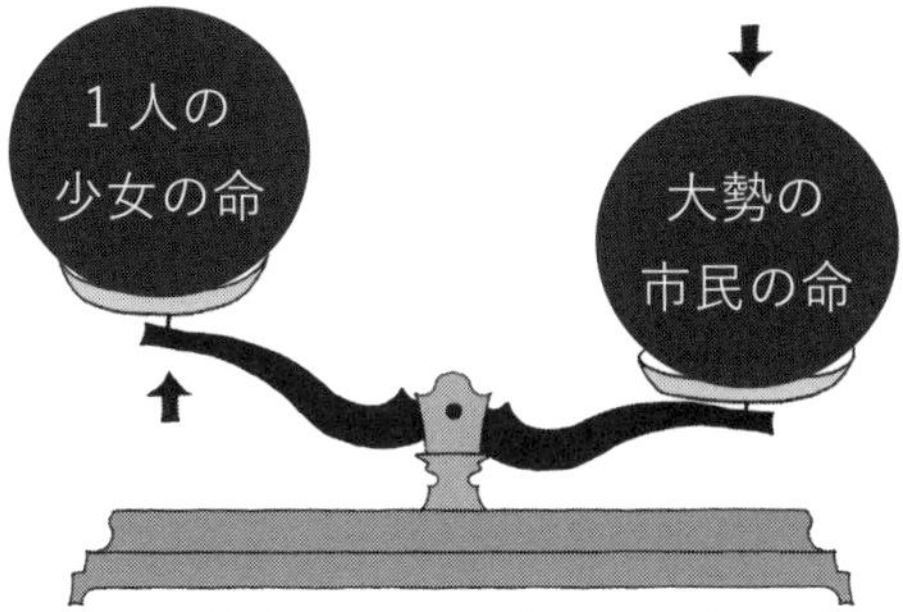

「マイナスの要素」と「マイナスの要素」の比較

「幸福の街オメラス」の少年

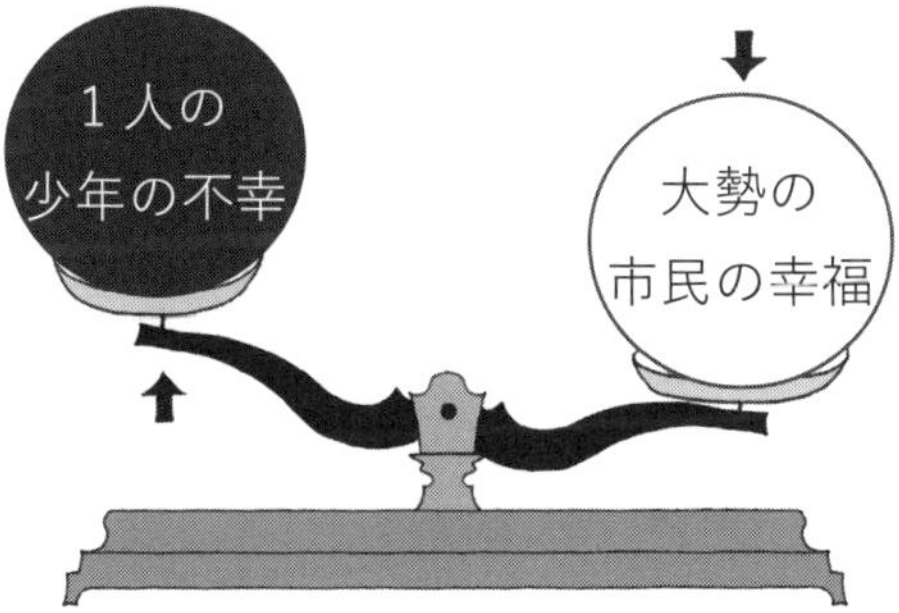

「マイナスの要素」と「プラスの要素」の比較

特定の1人の不幸によって得られる幸福は
守られるべきものなのか？

●「アン・イン・ザ・スカイ　世界一安全な戦場」の不確定要素

オメラスの不幸な少年より、パン売りの少女アリアを巻き添えにするほうが問題だと考える意見もあるでしょう。その場合、問題になってくるのは「不確定要素」であると考えられます。オメラスは少年の不幸のうえに成り立っているという設定ですから、少年を救い出すと街の人々が今よりずっと不幸になることは確実で、パン売りの少女アリアの犠牲に比べれば無駄な犠牲にはなりません。

しかし、パン売りの少女アリアを救ったからといって、自爆テロが絶対に防げないか、本当に行われるかは100%ではありません。パン売りの少女アリアを犠牲にしたからといって、テロリストという組織を完全に破壊できるかは不透明ですし、被害をどれほど食い止められるかもわからないのです。もしかしたら、ミサイルの発射が別のテロを誘発する可能性だってあるかもしれません。1人の犠牲による効果の確実性を比べるなら、圧倒的に「幸福の街オメラス」に軍配が上がります。

もし、あなたがオメラスの住民であったとしたら、歩み去ることを選ぶでしょうか？　オメラスに住み続けるでしょうか？　それとも、少年を救い出そうとするでしょうか？　あるいはオメラスの人々全員に街から離れてもらう提案をするでしょうか？

もし、あなたが「アン・イン・ザ・スカイ　世界一安全な戦場」の会議室にいたとしたら、パン売りの少女アリアを巻き添えにするほうを選ぶでしょうか？　それともアリアの犠牲はあってはならないと抵抗するでしょうか？

あなたの決断は、どれですか？

おわりに

「ハインリッヒの法則」をご存知ですか？　1対29対３００と聞くと「あっ、このことか」と思うかもしれません。ハインリッヒの法則とは、1件の重大な事故に対し、29件の軽傷で済んだ事故、さらには３００件のヒヤッとした出来事（ヒヤリ・ハット）があるとした法則です。この比率は広く応用され、様々なケースに当てはめて考えられています。

1回の転倒に対して、29回の躓きと、３００回のちょっとした気になる出来事が起きている、1回のメールの誤送信には、29回のよく確認もせずに送ってしまったメールと、３００回の、送った後に大丈夫だったかなと気になったメールがある。

1回の大寝坊には29回のちょっとした寝坊と３００回の夜更かしがある。

1回の……。

実際はそんなに単純にこの法則を当てはめることはできませんが、「1回の大失敗や大事故の裏には、より多くの小さな失敗や事故があり、さらに多くのヒヤッとした出来事やあれ？と思った出来事がある」ということです。ハインリッヒは、これらのことから、1対29対300の「1」を防ぐために、29や300にあたる軽度な出来事を活用する必要があると考えました。さらには、「29」を防ぐために「300」を活用することも重要です。

軽傷な事故やヒヤリ・ハットを実験材料として、何が起こりそうかを想像し、それを防ぐ方法を考え抜く、そんな思考実験と言えるでしょう。

今日、どんなヒヤリ・ハットがありましたか？　朝、起きたときにちょっとだけ寒いなと感じたなら、「29」にあたる「寝起きにのどが少しだけ痛い」を、さらには「1」にあたる「風邪で寝込む」を防ぐようにと考えることができます。

仕事で、「あれ？」と思ったことがあったなら、それをすぐに忘れてしまわず、書き留めたり、すぐに解決したり、どうしたらいいのかを考えたりして、「ミス」になってしまうのを防ぐこともできるでしょう。

思考実験は、前作のこの場所に書いた飛行機事故のように過去の出来事から、起こり得る未来を想像して、あらかじめ思考を巡らせておくとか、ハインリッヒの法則のように、たくさんの小さな事例から、より大きな事故を予想して未然に防ぐなど、様々な場面で実践的な活用をすることができます。

本書を通して、考えることはけっこう楽しいことだと思えたり、思考したこと、気づいたことが、今後の生活のどこかでほんの少しでも役立つことがあったり、思考実験が面白いと感じていただけたのなら、著者として非常に幸福なことです。

本書をお読みいただきありがとうございました。

【著者略歴】

北村良子（きたむら・りょうこ）

1978年生まれ。有限会社イーソフィア代表。パズル作家としてＷＥＢで展開するイベントや、企業のキャンペーン、書籍や雑誌等に向けたパズルを作成している。著書は『論理的思考力を鍛える33の思考実験』（彩図社）、『パズル作家が明かす脳にいいパズルはどっち？』（コスモ21）、『おうちで楽しく！でんしゃの学習ブック　7さいまでのひらがな・カタカナ・数字の練習』（メイツ出版）他。運営サイトはIQ脳.net(http://iqno.net/)、老年若脳（http://magald.com/）等。

【カバー・本文イラスト】大塚砂織

発想力を鍛える33の思考実験

平成30年11月21日第1刷

著者　　北村良子

発行人　山田有司

発行所　〒170-0005
　　　　株式会社彩図社
　　　　東京都豊島区南大塚3-24-4MTビル
　　　　TEL：03-5985-8213　FAX：03-5985-8224

印刷所　シナノ印刷株式会社

URL http://www.saiz.co.jp　https://twitter.com/saiz_sha

ISBN978-4-8013-0338-6 C0034